湖南省社会科学院（湖南省人民政府发展研究中心）
哲学社会科学创新工程丛书（2022）

主　编：钟　君
副主编：贺培育　刘云波　汤建军
　　　　王佳林　侯喜保　蔡建河

湖南文化产业高质量发展研究报告

（2022）

邓子纲　周海燕　郑自立　等著

中国社会科学出版社

图书在版编目（CIP）数据

湖南文化产业高质量发展研究报告.2022／邓子纲等著.
—北京：中国社会科学出版社，2023.10
（湖南省社会科学院（湖南省人民政府发展研究中心）
哲学社会科学创新工程丛书.2022）
ISBN 978-7-5227-2143-9

Ⅰ.①湖⋯　Ⅱ.①邓⋯　Ⅲ.①文化产业—产业发展—研究报告—湖南—2022　Ⅳ.①G127.64

中国国家版本馆 CIP 数据核字（2023）第119241号

出 版 人	赵剑英
责任编辑	侯聪睿
责任校对	夏慧萍
责任印制	王　超

出　　版	中国社会科学出版社
社　　址	北京鼓楼西大街甲158号
邮　　编	100720
网　　址	http：//www.csspw.cn
发 行 部	010-84083685
门 市 部	010-84029450
经　　销	新华书店及其他书店

印刷装订　三河市华骏印务包装有限公司
版　　次　2023年10月第1版
印　　次　2023年10月第1次印刷
开　　本　710×1000　1/16
印　　张　13
插　　页　2
字　　数　206千字
定　　价　68.00元

凡购买中国社会科学出版社图书，如有质量问题请与本社营销中心联系调换
电话：010-84083683
版权所有　侵权必究

主　编：钟　君
副主编：贺培育　刘云波　汤建军　王佳林
　　　　侯喜保　蔡建河
委　员：王文强　邓子纲　李　晖　李　斌
　　　　卓　今　罗黎平　童中贤　潘小刚

前　言

习近平总书记视察湖南时讲过，文化产业是一个朝阳产业，要重视文化产业发展，坚持守正创新，确保文化产业持续健康发展，为湖南省发展文化产业指引了方向。按照习近平总书记的指引，近些年，湖南省一直高度重视文化产业发展，培育优势文化产业。关注、思考、研究湖南省文化产业是湖南省社会科学院（湖南省人民政府发展研究中心）哲学社会科学创新工程的重要实施内容，年度报告是创新工程的重要成果形式。

本报告是湖南省社会科学院（湖南省人民政府发展研究中心）有关专家学者基于多年的持续观察，从产业整体与行业门类进行研究的成果。报告侧重2021年度湖南文化产业发展，旨在贯彻落实习近平总书记有关讲话指示批示精神，探索湖南文化产业现代化发展模式，推动湖南文化产业走向现代化。2022年年度研究报告分综合篇和行业篇。

综合篇运用系统研究方法、比较研究方法、定量分析法等，研究了湖南省文化产业发展整体情况如何、面临哪些机遇挑战、提升文化产业整体竞争力要从哪些方面着手、在中部六省中湖南省文化产业发展地位如何、如何适应数字化发展趋势提升文化产业数字化程度等这些事关文化产业整体的问题。

优势文化产业往往有较大市场份额，能够引领行业发展，能将文化赋能于经济社会发展。优势文化产业对整个文化产业发展具有至关重要的作用。报告研究分析了文化旅游产业和视频产业两大优势文化产业的发展。湖南省文化旅游业经过新冠疫情的冲击后未来如何发展，如何构建以马栏山产业园区为平台载体的视频产业发展生态，如何通过视频产业的发展促进园区平台建设，如何将文化赋能于自由贸易区建设等行业发展问题，在行业对策篇均有深入研究。

本报告是一项集体研究成果，参与研究撰写的团队有 10 余位专家。邓子纲、周海燕、郑自立三位专家提出报告提纲，并参与撰写有关篇章。研究团队共历时一年八个月，深入实地调研，反复修改讨论提纲和文稿，最终形成本报告。

"潮平两岸阔，风正一帆悬。"文化产业发展已经迎来大好时机，并担负着文化建设的新使命任务。愿研究报告能够为推动湖南省文化产业高质量发展、为推动建设中华民族现代文明做出贡献。

目 录

综 合 篇

第一章 湖南文化产业形势分析及展望报告 …………………… (3)
 第一节 2021年湖南文化产业发展全景透视 ………………… (3)
 第二节 2022年文化产业发展趋势与愿景 ………………… (21)
 第三节 推动湖南文化产业高质量发展的对策建议 ………… (24)

第二章 湖南文化产业竞争力研究 …………………………… (31)
 第一节 湖南文化产业发展现状分析 ………………………… (31)
 第二节 湖南文化产业竞争力的战略方向与重点 …………… (50)
 第三节 提升湖南文化产业竞争力的政策建议 ……………… (60)

第三章 湖南文化产业发展区域地位评价
  ——基于中部六省比较 …………………………………… (64)
 第一节 中部六省文化产业发展基本态势 …………………… (64)
 第二节 中部六省文化产业竞争力比较 ……………………… (69)
 第三节 提升湖南文化产业区域影响力的对策建议 ………… (82)

第四章 湖南文化产业数字化发展研究 ……………………… (90)
 第一节 湖南文化产业数字化基本情况 ……………………… (90)
 第二节 湖南省文化产业数字化存在的主要问题 …………… (98)
 第三节 湖南省文化产业数字化对策建议 …………………… (102)

目 录

行业对策篇

**第五章　后疫情时代湖南文化旅游经济加快复苏与
　　　　高质量发展对策研究** …………………………………（113）
　第一节　疫情冲击下文旅创新展现强劲韧性和发展潜力 ………（114）
　第二节　制约文旅加快复苏与高质量发展的瓶颈制约 …………（116）
　第三节　文旅加快复苏与高质量发展的应对之策 ………………（118）

**第六章　新冠疫情对湖南文化和旅游业的影响
　　　　评估及对策建议** ………………………………………（122）
　第一节　新冠疫情对湖南文化和旅游业的影响评估 ……………（122）
　第二节　新冠疫情下湖南文化和旅游业影响因素 ………………（127）
　第三节　对策建议：危中育机与变中筑信 ………………………（130）

第七章　马栏山视频文创园建设对策研究 ……………………（136）
　第一节　价值定位：马栏山视频文创园的地位作用及
　　　　　发展阶段 …………………………………………………（136）
　第二节　发展堵点：马栏山视频文创园高质量发展
　　　　　面临的瓶颈 ………………………………………………（144）
　第三节　创新创生：马栏山视频文创园发展着力点 ……………（148）

第八章　马栏山视频产业园视频产业生态圈建设研究 ………（155）
　第一节　基础与优势：园区定位清晰、产业生态
　　　　　初步形成 …………………………………………………（155）
　第二节　问题与趋势：需进一步强龙头、促融合 ………………（159）
　第三节　建议与对策：拓展服务供给、创新治理模式 …………（162）
　第四节　支持与保障：搭平台、推动产业链创新链
　　　　　融合发展 …………………………………………………（165）

第九章　以5G高新视频引领马栏山高质量发展 …………………… (171)
第一节　以5G高新视频引领马栏山高质量发展其势已成 ……… (171)
第二节　以5G高新视频引领马栏山高质量发展面临的
　　　　　主要问题 …………………………………………………… (173)
第三节　以5G高新视频引领马栏山高质量发展任重道远 ……… (176)

第十章　文化生产力助推湖南自贸试验区建设的路径研究 ………… (184)
第一节　湖南自贸试验区建设内在文化需求 ……………………… (184)
第二节　湖南自贸试验区发展中文化赋能的脱节之忧 …………… (186)
第三节　文化生产力助推自贸试验区发展的路径 ………………… (188)
第四节　文化生产力助推自贸试验区建设的对策建议 …………… (190)

参考文献 …………………………………………………………………… (198)

综合篇

第 一 章

湖南文化产业形势分析及展望报告①

第一节 2021年湖南文化产业发展全景透视

2021年，按照湖南省委、省政府的决策部署，全省上下深入贯彻落实习近平总书记对深化文化体制改革、繁荣发展文化事业和文化产业作出的一系列重要论述、重要讲话和指示批示精神，全面落实"三高四新"战略定位和使命任务，扎实推进文化体制改革，加快构建现代文化产业体系，全面推动文化产业高质量发展，产业结构持续优化，新业态新模式蓬勃发展，文化科技融合发展不断深化，文化产业经济效益持续增长，社会效益不断增强。省属国有文化企业敢于担当、锐意创新、积极作为，文化细分产业体系日益完备，文旅、广电、出版、动漫、游戏等优势细分行业发展亮点频出，马栏山视频文创产业园等重点产业平台示范引领作用不断提升，品牌效应声势日隆，产业项目建设来势喜人，文化贸易稳中有进，跑出了文化产业发展的"加速度"，文化强省"蹄疾步稳"，成效显著，努力在新时代的"赶考"中交出满意答卷，以优异成绩向党的二十大献礼。

一 发展形势总体向好，仍有挑战

文化产业整体平稳增长，继续保持良好发展态势。据统计，2021年，

---

① 本章系2020年国家社科基金课题：新时代高质量发展的理论逻辑与实践向度研究（20BKS043）及湖南省社会科学院（省政府发展研究中心）湖南文化创意产业研究中心课题：湖南文化产业运行形势分析（22WHCYZD2）的研究成果。

综合篇

全省有规模以上文化及相关产业企业3864家，实现营业收入3640.00亿元，按可比口径计算，同比增长12.70%，两年平均增长7.60%。

分行业类别看，新闻信息服务营业收入251.48亿元，同比增长15.90%，两年平均增长13.80%；内容创作生产305.49亿元，增长7.70%，两年平均增长3.90%；创意设计服务225.81亿元，增长28.20%，两年平均增长17.20%；文化传播渠道134.08亿元，增长17.30%，两年平均增长3%；文化投资运营13.12亿元，增长-39.70%，两年平均增长-17.10%；文化娱乐休闲服务57.63亿元，增长19.20%，两年平均增长2.80%；文化辅助生产和中介服务531.95亿元，增长8.10%，两年平均增长3.80%；文化装备生产199.19亿元，增长60.80%，两年平均增长34.10%；文化消费终端生产715.55亿元，增长11.60%，两年平均增长5.60%。分产业类型看，文化制造业营业收入1493.03亿元，比上年同期增长13.30%，两年平均增长6.80%；文化批发和零售业229.50亿元，增长16.40%，两年平均增长10.30%；文化服务业655.61亿元，增长18%，两年平均增长8.60%。分领域看，文化核心领域营业收入931.46亿元，比上年同期增长14.60%，两年平均增长7.50%；文化相关领域1446.68亿元，增长15.10%，两年平均增长7.80%。分市州看，长沙市规模以上文化及相关企业987家，实现营业收入1525.09亿元，占比41.90%，比上年同期增长6.40%，两年平均增长4.10%；株洲市343家，328.43亿元，占比9%，增长17.70%，两年平均增长7.70%；湘潭市233家，229.35亿元，占比6.30%，增长21.80%，两年平均增长14.70%；衡阳市196家，113.37亿元，占比3.10%，增长39.90%，两年平均增长24.60%；邵阳市321家，265.53亿元，占比7.30%，增长20.40%，两年平均增长16.40%；岳阳市522家，387.04亿元，占比10.60%，增长22.40%，两年平均增长13.70%；常德市283家，178.52亿元，占比4.90%，增长16.90%，两年平均增长9.50%。张家界市44家，16.38亿元，占比0.40%，增长1.10%，两年平均增长-27.50%；益阳市136家，111.02亿元，占比3%，增长6.20%，两年平均增长1.70%；郴州市211家，229.10亿元，占比6.30%，增长10.40%，两年平均增长7.70%；永州市166家，118.46亿元，占比3.30%，增长13.20%，两年平均增长10.10%；怀化市152家，

55.64亿元，占比1.50%，增长16.90%，两年平均增长7.40%；娄底市230家，70.03亿元，占比1.90%，增长2.10%，两年平均增长2.60%；湘西土家族苗族自治州40家，12.34亿元，占比0.30%，增长39.20%，两年平均增长20%。

二 省管国有文化企业敢于担当，锐意创新

省管国有文化企业坚持高质量发展的方针，奋力实现"十四五"发展良好开局，实现社会效益和经济效益"双效"齐升。

1. 大力稳定存量，开创企业运行"新局面"

五大省管国有文化企业顶住疫情反复的压力，统筹疫情防控和企业经营发展，各个企业延续2020年下半年以来的恢复性增长态势，主要经济指标持续向好，实现营业收入380.91亿元，同比增长28.74%，较2019年增长11.91%。

省出版集团2021年实现营收118.64亿元，增长7.85%；利润总额14.80亿元，增长5.29%；实缴税费5.86亿元，增长26.42%；营收利润逆势增长。省广播影视集团营业收入为231.20亿元，较上年略下降1%；利润总额为10.13亿元，同比扭亏；上缴各类税费20.44亿元，同比增长1.33%，整体财务状况良好。湖南日报社（集团公司）2021年实际实现营业收入7.28亿元，增长21%；营业利润1973万元。省体育产业集团实现营业总收入21.63亿元，增长24.52%；利润总额5555.63万元，增长54.00%。省演艺集团全年累计实现总收入2.16亿元，同比增长5%；净利润345万元，同比增长36%，已缴税费总额375万元，同比增长56%，资产总额达13.13亿元。

2. 引领行业发展，做优做强文化产业"主力军"

2021年省管国有文化企业围绕"出人才，出精品，出效益"，突出"抓精品、抓品牌、抓项目"，走出了一条文化行业跨越式发展、可持续发展和高质量发展的新路子。"广电湘军""出版湘军"等品牌价值不断巩固，"演艺湘军"声名日盛，"体产湘军"展现责任担当，中南传媒入选2021年全国文化企业30强，芒果超媒市值最高突破1600亿元。

2021年新闻出版行业恢复增长，新书出版达到疫前水平。湖南出版在多个向度保持行业引领地位，市值、营收、利润、图书市场占有率等多项指标位于全国前列。中南传媒连续十三届入选全国文化企业 30 强，位列 2021 年全球出版五十强榜单第 20 位，出版集团总体经济规模排名全国第四。图书市场实际占有率位列全国第四，作文、科普、艺术综合等品牌板块排名全国第一。湖南广电在"中国 500 最具价值品牌"中排名第六十七位，稳居省级广电第一；在"亚洲品牌 500 强"中排名第九十二，位列亚洲广播电视行业第二；芒果 TV 获评全国广播电视媒体融合先导单位，国际频道覆盖落地 230 个国家和地区，拥有 4000 万海外用户，成为湖南广电核心海外新媒体平台、中华文化走出去的重要出口。湖南日报社（集团公司）走在全国省级党报前列，人民网发布的《2020 全国党报融合传播指数报告》，省级党报自建客户端下载量"新湖南"排名第六，党报各渠道传播力 TOP20《湖南日报》排名第十七；印务分公司荣获《人民日报》优秀承印单位（全国仅 3 家）。体育集团牢牢掌握体育资讯话语权，形成以"体坛＋"为核心的报、刊、网、端、微、号等多元载体的全媒体矩阵；《体坛周报》被评为 2021 年中国邮政发行百强报刊，微信号和微博号的粉丝在体育报刊类均排名第一。演艺集团坚持演艺品牌化运作，在全国同行业中处于第一方阵，打造了"湖南新春音乐会"等一系列颇具影响力和标志性的文化品牌；"纯粹中国锦绣潇湘"全球巡演计划再获商务部国家重点文化出口项目，入选国家重点文化产业项目库，入选湖南省"一带一路"暨国际产能合作重大项目库，集团在全国同行业中处于第一方阵。

3. 强化国企担当，打造文化精品"新高地"

省管国有文化企业深耕主业，坚持正确政治方向、舆论导向、价值取向，坚持以人民为中心，在以社会效益为首、社会价值为先方面，发挥着示范引领和表率带动作用，在推动"两个效益"相统一中走在了前列，打造了一批有影响力的"湖南文化名片"。

省出版集团积极服务党史学习教育，发行党史学习教育指定读物全国排名第三，围绕建党百年、省党代会、省两会、疫情防控等策划推出一系列正能量大流量兼备的报道；20 个教育出版项目获得全国首届教材建设奖。全年实现版权输出 314 种，覆盖美国、德国、意大利等 32 个国家（地区），涉及 27 种语言，其中主题图书版权占输出总数近 50%；6 家出版单位入选"2021 中国出版社进入世界图书馆系统品种排行 100

强"。省演艺集团实施精品创作"高峰"计划，不断推出精品力作，如原创滑稽节目《小夫妻》荣获中国杂技界最高奖——金菊奖，《柔术造型》获澳大利亚国际马戏节银奖，话剧《沧浪之水》获国家艺术基金滚动资助项目，编剧毛剑锋获"第24届曹禺剧本奖"提名奖，等等。省体育集团主动服务对接国家战略，综合运用体坛传媒"一报七刊"和体坛网、端、微、（视频）号媒体，实施北京冬奥会全球传播工程，抓住"双减"政策风口，打造青少年体育教育、体质检测、体育培训和体育赛事全产业链。筹备打造全国最大的中小学生在线体育教育平台——"天天体育App"，该项目得到教育部和国家体育总局高度认可与政策支持。湖南日报社（集团公司）的《大湘菜报》沉淀培育"湘菜美食节""湘菜年度盛典""米粉大擂台""湘菜产业链博览会"等多个活动品牌，发挥媒体辐射作用，聚焦人气、做大影响。湖南广电常态化实施"头条工程""置顶工程"，已有9件作品获中国新闻奖，获奖数量创历史新高，特别报道《牢记殷殷嘱托 奋力谱写湖南新篇章》，"胡湘平""金石平"等评论品牌发声有力，全面展现湖南的生动实践和显著成就。

4. 推动融合发展，拓展产业发展"新空间"

五大省管国有企业不断推进文化与科技、旅游、创意深度融合，持续深化文化与科技、文化与旅游融合，注重创新、创意、创造，增强高质量文化供给，努力将文化资源优势转化为产业和市场优势。

省出版集团持续推进中南e库建设，推进湖湘文库数字版文创产品开发，扩大集团融媒体图书、有声书等产品规模，拓展抖音、快手、社群、电商、直播等营销新渠道，在线销售规模和占比持续提升。省新华书店在全国新华系统率先完成发行转型，市场教辅和重点图书商业模式从系统发行改变为线下校园书店和线上互联网平台直销。省广播影视集团不断完善媒体深度融合的顶层设计和体制机制，加速推动湖南卫视与芒果TV全面融合，构建小芒电商、风芒App等新平台，主流新媒体集团的平台矩阵粗具雏形。省体育集团健全"体育器材+售后服务+智慧管理系统"全产业链。省演艺集团实施以演艺为主业，同时拓展艺术培训和文旅融合产业，即"一体两翼"的发展战略。湖南日报社（集团公司）围绕新媒体、电商、媒体科技、视频、政务商务、"文化+"等业务领域进行布局，试水"工作室制度"。大力推进"文化+""媒体+""互联网+"战略,发展媒体近缘产业,在疫情下实现逆势上扬。

三 产业布局更优,区域协同更强

市州文化产业协调发展,区域产业格局不断优化。在区域发展上,长株潭地区占比虽有下降但仍占据全省"半壁江山",特别是长沙市龙头地位进一步巩固,环洞庭湖、大湘西、大湘南地区发展各具特色。在全面落实"三高四新"战略定位和使命任务,湖南规模以上文化及相关产业企业实现营业收入3640.30亿元。

(一)长株潭地区高举高端化旗帜,以"闯"的精神挑重担

2021年,长株潭地区规模以上文化企业1563家,总营收2082.90亿元,在全省占比57.20%,同比增长15.30%。长沙市聚焦文化企业"入规、升高、上市、引大、育强、成链"和文化项目引进建设,重点建设国际文化创意中心和马栏山视频文创产业园,在文旅部2021年度文化产业和旅游产业综合评价中,长沙市位列全国前十。3个国家级文化产业园区均位于该区域。立足自主创新示范区的优势,长沙加快建设国际文化创意中心建设,马栏山视频文创园建设再现"湖南现象",长沙市掀起文化产业高质量发展热潮。明和光电获评国家文化和科技融合示范基地;刘少奇同志纪念馆入选"2021年度中华民族文化基因库(一期)红色基因库建设试点单位";湖南大学数字文化创意智能设计技术重点实验室获评文化和旅游部重点实验室;浏阳夏布文创中心获评全国特色产业科普基地;7家企业获评首批省级文化和科技融合示范基地;1家企业入选全国文化企业30强;2家企业入选中国互联网百强;2家企业入选中国软件百强;拟上市规模以上文化企业达20家,进入证监会备案辅导2家;新增规模以上文化企业94家,规模以上高新技术企业62家;株洲市文化行业市场主体3519个,其中企业1973个,个体工商户1546个。全市规模以上文化企业44家,2021年实现66668万元,创造利润8240.40万元,贡献税收2031.20万元,发放薪酬11856.70万元,用工2375人。株洲推动陶瓷、花炮产业规模集群发展,釉下五彩瓷烧制技艺被列入国家级非物质文化遗产。2021年1—11月,全市文化体育娱乐业营业收入同比增幅18.70%,大力培育文化企业上市,高科园创众禾文化传播有限公司、醴陵尚方窑瓷业有限公司在湖南股交所文创专板成功挂牌,株洲低空飞

行，通航旅游市场引起中央电视台"新闻30分"聚焦，进行了专题报道；湘潭重点打造具有国际影响力的红色旅游目的地。舞动红色旅游引领全省大旗，对标世界级文化旅游目的地，实施红色基因传承工程，"两山"铁路成功运营，文旅品牌创建步入长、株、潭第一方阵。2021年，湘潭市30个重点文旅项目完成投资70.54亿元，投资完成率125.67%。由张艺谋导演"最忆韶山冲"演出项目2021年12月25日首演；"韶山至井冈山"红色旅游铁路专线项目（韶山段）于2021年6月通车。

（二）大湘西地区文化产业依靠生态文化旅游为突破口，以"创"的劲头开新局

规模以上文化企业787家，总营业收入419.90亿元，在全省占比11.50%，同比增长15.90%。湘西州打造"神秘湘西"文化品牌，完成"一区二带三极四园"的文化产业发展布局。文化产业初步形成了包括新闻出版、广播影视、文艺表演、文化旅游、休闲娱乐、图书音像、民族工艺等行业在内的文化产业体系。其中湘西州规模以上文化产业企业40家，从业人员3781人，资产总计490440万元，营业收入81452.20万元，利润-640.10万元，上缴税收1493.30万元。2021年，湘西州预计接待游客5905.60万人次，实现旅游收入528.10亿元，同比分别增长6.71%、10.74%，比疫前同期（2019年）分别增长3.24%、3.99%。张家界重点培育魅力湘西文化广场、琵琶洲拓展基地等文化产业融合项目，拥有市、县两级影视产业，主营电影放映及影院经营。2021年9月10日，由张家界茅岩河旅游开发股份有限公司、北京东方梦蝶国际影业有限公司、张家界华星影视文化传媒有限公司联合出品，反映张家界西线旅游、展示茅岩河神奇山水的电影《茅岩河纤夫之恋》在全国院线上映。张家界市工艺美术行业产业化程度较高，具有代表性的类别为砂石画、土家纺织品、化石雕工艺品，每个类别都有规模以上的企业。砂石画和土家纺织品作为著名的文化名片，享誉海内外。桑植县是国家重点化石产地，拥有化石石雕生产性保护示范基地。2021年。张家界市选送的《砂石画·山水》（军声画院）和《龙凤呈祥喜服》（乖幺妹土家织锦）分别荣获全省少数民族传统手工艺品一等奖、二等奖。怀化重点推动雪峰山、洪江古商城等文化产业品牌发展。

（三）环洞庭湖地区打造体育休闲旅游新增长极，以"干"的作风求实效

环洞庭湖地区文化产业持续高质量发展，特别是依托绿色生态优势，环洞庭湖地区生态文化旅游、体育休闲旅游来势迅猛，其中岳阳数字广告与新媒体企业、数字影院等行业增长较快，城陵矶新港区文化装备制造成为当地优势产业。2021年1—9月，全市接待游客总数5384.82万人次，同比增长73.86%，总收入538.23亿元，同比增长81.02%，2021年全社会文化产业营业收入654.52亿元，同比增长9.06%。其中，规模以上企业营业收入367.95亿元，同比增长10.18%。文化产业增加值264.31亿元，占GDP比重约5.51%，对比2020年有所回落。全市文化企业突破5000个，从业人员262.86万人，总税收11.04亿元，总利润46.34亿元。文化"四上"企业已达到521家，产值过亿元企业43家，上市企业3家（百利科技、岳阳林纸、天润数娱）。常德重点推动壶瓶山特色文旅小镇建设、常德画墙重点文化产业项目发展。2021年1—9月全市共接待游客6307.80万人次，同比增长85.61%；实现旅游总收入564.40亿元，同比增长94.91%，但受疫情影响程度仍然较大。1-9月，桃花源旅游区实现旅游收入7.51亿元，较2022年增长12.24%；柳叶湖旅游度假区实现旅游收入13.73亿元，较2020年增长33.30%。益阳全年预计实现旅游收入400亿元，旅游人数4200万人次，同比分别增长18%、15%。益阳充分发掘周立波、胡林翼等知名文化资源，打造"山乡巨变第一村"、《山那边人家》等文化地标和作品，花鼓戏产业化发展得到创新。2021年，文化产业增加值为71.10亿元，占GDP比重为3.86%。规模以上企业从业人数为8732人，资产总计为437098.20万元，营业收入1127195.80万元，税金及附加8147.10万元，营业利润为56648.50万元，利润总额为19591.20万元。梅山剪纸、麻香糕手工技艺、益阳水竹凉席制作技艺等省级非物质文化遗产项目，成为我市亮丽的文化名片；安化黑茶、沅江芦笋、桃江竹笋、大通湖大闸蟹、南县小龙虾、南县稻虾米等产品通过文化包装，都成了响当当的农产品品牌；以传统花鼓戏表演技艺为根基，加入现代化的表演技艺和文化元素，《接来乡里爹和娘》《花鼓春秋》《那山那水那美人》《山那边人家》等一大批优秀现代花鼓戏作品大放异彩、美轮美奂。文旅融合方面，山乡巨变

第一村、现代农业嘉年华、云梦方舟、紫薇村、天意木国、茶香花海等文化旅游项目遍地开花。

（四）大湘南地区从文化制造业为主体向文化制造业、文化服务业双轮驱动转变，以"转"的气魄谋突破

规模以上文化企业573家，总营收460.90亿元，在全省占比12.70%，同比增长21.20%。一直以来，大湘南地区文化制造业占比较高，但2021年统计数据显示，该区域文化服务业逐渐兴起：永州打造零陵古城夜经济品牌，推动勾蓝瑶寨文旅产业开发，现有规模以上文化企业166家，规模以上文化企业营业收入达118.46亿元、从业人数13257人，文化生产和服务单位8696家，文化产业增加值13.23%；衡阳渣江麟文化古镇等10亿元以上的重大项目相继动工，大力推进重大文化产业项目的引进和投资，有渣江玉麟文化古镇项目、湘江南温泉度假村、梅花小镇欢乐谷项目、旭达养老养生项目、雨母山银泰度假区、南岳水帘洞康养文旅项目等18个投资10亿元以上的重大文旅项目相继动工，三馆两中心重大项目已全部完工，正在办理移交手续，市图书馆在2022年元旦试开馆，湘南学联文化园已投入使用；景区创星，去年新增国家4A级景区2个，国家3A级景区3个，实现旅游总收入（不含外汇）398.64亿元，接待游客4514.90万人次；举办湖南国际文化旅游节，高规格举办了以"锦绣潇湘·天下南岳·独秀衡阳"为主题的湖南国际文化旅游节，同时签约了17个衡阳文旅项目，总投资127.35亿元。2021年，郴州打造沙洲新时代红色地标，加快推进湖南（沙洲）红色文旅特色产业园建设。全市产业纳入全省旅游万亿产业重点项目库的10个重点项目共完成投资39.82亿元，年度计划占比152%。其中，湖南（沙洲）红色文旅特色产业园项目年度计划投资3亿元，完成投资6.80亿元，占比为226%。莽山创5A级景区建设项目年度计划投资1.50亿元，完成投资2.37亿元，占比为158%。飞天山旅游文化产业园项目年投资2亿元，完成投资2.80亿元，占比为140%。仰天湖风景区开发项目年度计划投资5000万元。完成投资1.37亿元，占比为274%。黄草文旅特色小镇项目年度计划投资1000万元，已完成投资1500万元，占比为150%。长鹿国际旅游度假区（一期）项目年度计划投资5亿元，完成投资5.88亿元，占比约为118%。郴州长卷项目年度计划投资2.50亿元，完成投资2.56亿元，

占比为 102.40%。莽山花溪里康养旅居小镇项目年度计划投资 2.28 亿元，已经完成投资 3.86 亿元，占比 169%。

四 文化产业园区高质量发展，产业集群优势彰显

湖南省高度重视文化产业集聚对产业发展的影响，加快推进文化产业园区的建设进程，园区要素集聚和示范辐射能力不断增强。全省重点文化产业园区稳步发展，部分园区特色鲜明，集聚效应不断提升。经初步摸底，2021 年全省共有中央和省直相关部门认定的文化产业基地（园区）17 个，其中中央和国家有关部门批准认定的 13 个，省级部门批准认定的 4 个。全省文化产业园区呈现出以长沙为龙头，各市州差异化发展的良好格局。

（一）以产业集聚发展为驱动，文化产业园区效益质量持续向好

长沙引领全省文化产业园区发展，借助要素资源、区位等优势，长沙市文化产业基地（园区）数量多、规模大，数量占全省的50%，聚集了较多龙头文化企业。长沙市天心文化产业园共有文化企业 1200 余家，长沙高新区长沙市天心文化产业园集聚文化企业 1200 余家，实现营收 79.12 亿元，同比增长 49.50%。长沙高新区 2021 年共有文化企业 4447 家，1—11 月规模以上文化企业实现营收 207.40 亿元，同比增长 33.90%。株洲市陶瓷产业集群产值约 740 亿元，工业产值约 460 亿元，年税收约 6 亿元，产业集群企业 650 家，规模企业 192 家、高新技术企业 86 家，年销售过亿元的龙头企业 10 余家，A 股上市企业华联集团 1 家，从业人员近 20 万人。湘潭市昭山文化产业园共有文化企业 189 家，规模以上企业 27 家，培育省级科技型中小企业 5 家，培育在湖南股权交易所文化产业专版挂牌上市文化企业 1 家，2021 年总营业收入达 8.71 亿元，同比增长 28%。娄底市初步培育形成了现代文印产业集群、移动互联网数字文化产业集群和文体装备制造产业集群三个产业集群。新化洋溪文印小镇入驻文化企业 170 余家，2021 年产值达到 25.6 亿元。张家界旅游商品产业园属于省、市两级重点项目，共占地 1221 亩。岳阳临湘市共有钓具（浮标）生产、商贸流通企业 1067 家，其中规模以上企业 20 家，电商主体 269 家，钓具（浮标）产业链总产值近 35 亿元，出口额 1 亿元，电商平台交易额 10 亿元，浮标产品占有全国市场 80% 的份额。怀化文化创意产业园成功获批国家文化和科技融合示范基地，成为全省第3家、非省会城市第1家集聚类国家文化和科技融合示范基地。

（二）以项目聚力为抓手，推动文化产业高质量发展

湖南日报报社（集团公司）重点打造媒体文化基地和产业园区，将新湖南大厦打造成全国领先的媒体视频创意孵化基地，将湖南媒体艺术产业园打造为湖南省媒体科技融合的新地标。中南数字出版传媒高标准打造湖南出版梦工厂，构筑融合发展新地标；与华为公司合作实施人工智能出版项目，建设国家级重点实验室。湘潭市昭山文化产业园2021年以成功创建国家级文化产业园区为契机，落地了伟光汇通千年潇湘文旅街区、长株潭文化艺术品交易中心等一批重点产业项目，推出一系列优秀的文化产品。马栏山视频文创产业园获5家企业、2个项目入选国家文化出口重点企业和项目；马栏山计算媒体研究院入选省级新型研发机构；长沙学院、马栏山月湖文创小镇众创空间获评2021年度湖南省备案众创空间；前行58小镇获评2021年度湖南省科技企业孵化器。

（三）以马栏山视频文创产业园为龙头，充分发挥标杆引领作用

马栏山视频文创产业园在优势产业集群、领军企业培育等方面成效明显，文化创意产业的整体实力和竞争力处于全国前列。据初步统计，2021年，马栏山视频文创产业园新引进850家企业，累计新注册企业2412家，全年实现企业营收519.81亿元，同比增长24.40%，完成企业税收30.16亿元，同比增长20.10%，完成重大项目投资73.20亿元，园区获评"全国版权示范园区（基地）"称号。园区已创建起"1中心、1平台、4个研究机构"。即马栏山·华为云音视频产业创新中心、马栏山视频产业云平台、5G高新视频多场景应用国家广电总局重点实验室、下一代互联网宽带应用国家工程实验室马栏山研究院、天河区块链技术研究院。

园区综合效益显著提高。园区集聚企业3496家，2021年全年实现营业收入500亿元，同比增长25%，相比建园之初增长168亿元；完成企业税收30亿元，同比增长19.50%，高出全市增速3.10个百分点；完成固定资产投资110亿元；完成重大项目投资73.20亿元，超年度任务29.40个百分点。

企业发展提质增效。68家企业纳税超过500万元，亩均税收超过

41.30万元，位居省级园区前列；新增入规模以上企业30家、高新技术企业40家；新增企业自主知识产权2027项。新增"四上"企业32家，新增高新技术企业50家；新增企业自主知识产权2027项。805家企业注册落户，累计新注册企业2400余家，企业总量超3600家（其中文化创意设计企业1188家，数字出版广播影视企业1044家，网络科技企业1008家，产业服务配套企业360家）；中科睿芯、中电港等24家头部企业落地。与华为公司达成实质性合作，区域总部项目前期工作顺利推进，全国音视频技术研发中心建设迈开坚实步伐。园区发展后劲大，企业承载空间实现第一轮集中投放，25万平方米商业楼宇去化率达40%，马栏山的发展赢得市场认可，吸引企业扎根。

融合发展纵深推进。产城融合加快进程，对标"五好园区"要求，完成景观提质改造，马栏山公园、体育公园建成开放，园区绿化率达50%，全省率先创建近零碳示范园区。新建或改建134个5G基站，实现5G信号全覆盖。创意设计总部大厦获全省钢结构金奖，顺利投放市场；中广天择总部基地（一期）建成使用，去化率位居全市首位；绿地星城光塔、兴旺科技总部基地分别荣获"全球未来设计奖"、全国3A级安全文明标准化工地。科文融合有声有色，5G高新视频重点实验室推出全国第一个综艺节目虚拟主持人，抓紧申报国家重点实验室。马栏山产业云平台助力71家企业，VR/XR视频渲染效率最高提升23倍，完成1964年版黑白电影《雷锋》高格式彩色修复和《国歌》《毛泽东在1925》《刘少奇的44天》等红色经典影视作品4K修复；人工智能手语播报系统应用于252家电视台和融媒体中心；5G智慧电台创新"嫁接"区块链技术，安装落地528频，年节目输出量达9000小时。跨界融合渐入佳境，先进制造业5G云VR公共服务平台与中国铁建、中车集团合作形成一批创新成果；"马栏山盒子"（5G高码率低延时编解码终端）1.0版本进入投产批量测试阶段；中国"V"链数字交易平台开启市场验证，存证作品超过100万件。

营商环境持续优化。园区产业服务提质增效。100项行政审批事项实现"园区事园区办"，48项文化审批服务全程帮代办，294件"多规合一"办件均在24小时内办结，12345政务热线办理满意率达98%。115家规模以上企业配置全天候"服务管家"。企业入驻奖补、房租补贴即申即审,企业"入规"奖励、高新企业入驻奖励"免申即享",政策申报、审核、兑现全程网办。政策体系更加立体,省政府推出"8条"政策干货,切实鼓励企业技术创新,降低企业生产成本,园区政策体系更加立体,兑现扶持资金1亿元,为企业提供风险补偿贷款3920万元;最大优惠政策吸引人才,留住人才。配合省市出台文化创意企业高层次人才认定目录,1名人才享受2021年度湖南省政府特殊津贴,36人被认定长沙市高层次人才,兑现各类人才奖励694.96万元。

五 文化产业主要行业发展良好,新业态亮点纷呈

2021年,湖南省着力推动文化产业创新发展、融合发展、开放发展、特色发展,全省文化产业广电、出版、演艺等重点行业保持逆势增长势头,传统文化产业实现转型升级,文化新业态方面亮点多。

(一)以数字赋能"提质量",新兴文化业态强劲发展

在文化产业整体增速放缓的形势下,新兴文化业态有效支撑了湖南省文化产业地位的巩固。2021年前三季度,芒果超媒营收116.31亿元,同比增长22.81%,净利润19.80亿元,同比增长22.84%,超2020年水平。芒果TV前三季度营收87.82亿元,同比增长33.24%,芒果TV稳居行业前三,有效会员超3600万,是视频行业唯一连续五年盈利的企业。新湖南客户端、华声在线网站、机构融媒体中心等新媒体板块2021年全年实现收入1.15亿元,增长14%;实现利润3383万元,增长30%。短视频新媒体平台晨视频上线。红网持续推进"移动化、数据化、视频化、轻量化"四化战略转型,媒体联动、千屏联播,让党的声音深入街头巷尾。小芒电商全新升级,定位新潮国货,成为国内唯一聚焦这一领域的电商平台,累计用户规模超2800万户,成交额超6亿元,长视频内容商业变现能力进一步增强。小芒电商还构建面向未来的短视频平台风芒,补齐了在短视频平台建设上的短板,下载量500万次,省内外417个合作机构和个人号入驻并持续上传内容。

(二)以高端引领"扩增量",抢先布局新媒体、全媒体矩阵

新媒体平台矩阵建设突显成效。湖南广播影视集团以芒果超媒、电广传媒为自主可控的国有资本引擎,以芒果TV、小芒电商、风芒短视频等互联网平台为主阵地,构建主辅分明、层次清晰、开放多元的新媒体

平台矩阵，与湖南卫视一起构筑形成长视频、短视频、音频、电影、内容电商、文旅＋投资六大类主要业务的内容产业版图，推动核心竞争力向新媒体新赛道的全面转移。湖南卫视、芒果TV建立双平台共创共享机制，团队、人才、创意、项目、资金彼此开放、平等竞争，双平台打破壁垒，共同打造国内首个台网联动周播剧场"芒果季风"，探索电视剧制播新模式。双平台全年联合采播11部剧集，节约购剧成本超6亿元。在制播打通的前提下，广告营销全面融合，通过大小屏资源统一售卖，实现了1＋1＞2的溢价增值。

全媒体矩阵建设落地有声。湖南体育集团牢牢掌握体育资讯话语权，形成以"体坛＋"为核心的报、刊、网、端、微、号等多元载体的全媒体矩阵。体坛周报在全国十多个省市积极拓展媒体服务业和相关产业，新媒体内容全面转型升级，"读视听"立体报道各项体育赛事，提高优质体育内容变现能力。抓住欧洲杯、奥运会大赛契机，先后与喜马拉雅、腾讯音乐、抖音等签订了近2000万元的内容采购服务。发挥中国最权威体育内容供应商优势，获得2023年中国亚洲杯组委会新媒体平台运营资质。湖南体育集团积极布局体教融合业态，筹备打造全国最大的中小学生在线体育教育平台——"天天体育App"，稳步推进"体教融合"青少年体质健康干预试点工作，寰动星美青训人数逾3000人，举办"YSD"3×3青少年篮球赛，"奔跑吧·少年"主题健身活动吸引200万人参与。

（三）以创新激活"优存量"，传统产业大力转型升级

省管国有文化产业集团积极转型，传统行业增效发展。湖南出版投资控股集团在数字出版方面持续发力，省新华书店在全国新华系统率先完成发行转型，市场教辅和重点图书商业模式从系统发行改变为线下校园书店和线上互联网平台直销，春季教育产品在线销售突破10亿元，增长234%。数字教育全面开花，"e堂好课"在益阳启动教学试点。天闻数媒、贝壳网、中南迅智持续加强产品研发和内容建设，平台影响和用户数量稳中有升。湖南演艺集团通过跨界和云直播等方式为传统演艺开辟了新路径，开展"云"舞台展演22场，视频直播、云演艺项目全网总观看量超1025万人次，通过视频直播、系列视频录制、云剧场点播、年度直播合作等方式，与全国逾120家文艺院团建立合作，签订直播版权协议。运营演艺名家全网IP，被抖音官方评定为优质传统文化推广账号。

"一通文化"App 9月开始试运行，正朝着演艺MCN方向发展。湖南日报报社（集团公司）围绕文旅、文体、文创等行业，发挥媒体辐射作用，聚焦人气、做大影响、增加收益，全年收入5633万元。全域旅游中心第4次承接湖南旅博会全程运营工作。红培学院抓住建党百年契机，全年共计办结117个培训班，参加培训共计7931人，实现营收1586万元，实现利润97.8万元，超额完成年度任务。《大湘菜报》全年创收820多万元，实现利润近100万元。

区域文化产业结构创新升级。优湘潭文旅新业态蓬勃发展，优势、特色产业获得长足发展。湘潭市以工业旅游产品、农产品、装备旅游产品、旅游商品购物、智慧商圈等文旅新业态发展较好，以湘钢为代表的省级工业旅游示范点发展有力。株洲升级花炮行业，建成全国首条爆竹自动化生产线，以及7条组合烟花自动化生产线，49家烟花爆竹重点企业建成应用系统。醴陵陶瓷行业累计投入近4亿元进行了自动化、智能化升级改造，先后引进安装1000余台陶瓷智能生产设备。娄底大力实施文化数字化战略，发展体验式、沉浸式实体书店，打造三向度书屋、八本讲堂等一批文化体验馆（厅），推动传统印刷复制、包装装潢企业融合创新，溪砚、棕编、剪纸等国省级地域非遗工艺品实现产业化运作，引进陌陌科技、叶家军文化传媒等一批短视频直播与影视拍摄企业，发展了一批互联网大数据文化企业，现有新型文化企业40余家，关联企业近100家，行业产值达30亿元以上。张家界市创新文化旅游传统产业，开发具有景观文化特征的产品及服务，以融合发展为着力点，借力"互联网+"新动能，拓展"文化+"新思维，培育了一批小微互联网文化企业。

六　文化融合异彩纷呈，文化+全产业链发展新格局正在形成

湖南开启"（文化+科技+金融+N）×旅游需求"融合发展模式，推进体验导向型新场景革命。以生态做基础、以文化做内容、以旅游做市场、以科技和金融做支撑，全方位推进农业、工业、体育、教育、健康等领域深度融合，突出以文化创意为核心的智力资本，引领政府资本、产业资本、消费资本和金融资本进入文化旅游领域。

综 合 篇

（一）文化与旅游融合方面

项目建设来势较好，文化旅游产业布局日趋合理。2021 年，长沙全年铺排重大项目 36 个，年度投资 73 亿元。基础设施建设全力推进，"一带一桥，两翼五道七支路"建设完成，全面形成"三纵三横一环"的交通大格局。岳阳 28 个在建市级重点文旅项目完成投资 63.87 亿元。怀化举办生态文化旅游产业发展大会，签约沅陵县生态文化旅游开发项目等 9 个文旅项目，计划总投资 62.60 亿元。永州实施重点文旅项目 30 个、完成投资 94 亿元，占年度投资计划的 112.74%；实现旅游综合总收入 504 亿元，同比增长 50.50%。益阳立项和在建重点文旅项目 27 个，总投资超过 221 亿元，黑茶特色小镇茶旅文融合发展区、胡林翼故里文化旅游区、马路溪传统村落乡村振兴示范点 3 个项目获得省厅重点支持，占全省 1/7。

新型业态不断丰富，文化旅游产品体系日臻完善。长沙策划组织"红色文旅年"五大系列 34 项活动，前三季度全市接待游客 1.2 亿人次，实现旅游收入 1383.51 亿元，分别增长 32.20%、33.22%。常德推动文化和旅游全领域、全链条、全方位深度融合，前三季度共接待游客 6307.80 万人次，同比增长 85.61%；实现旅游总收入 564.40 亿元，同比增长 94.91%。衡阳抓景区创星，去年新增国家 4A 级景区 2 个，国家 3A 级景区 3 个，实现旅游总收入（不含外汇）398.64 亿元，接待游客 4514.90 万人次。湘潭文化旅游休闲产业联盟持续壮大，打造了"不夜莲城"等一批文旅 IP，文旅品牌创建步入长株潭第一方阵，前三季度共接待游客 2300.85 万人次，同比上升 35.39%，实现旅游收入 203.67 亿元，同比上升 52.61%。岳阳景区增加草地音乐节、野奢帐篷房车节、国潮夜市等夜游项目和沉浸式体验项目，全市接待游客总数 5384.82 万人次，同比增长 73.86%，总收入 538.23 亿元，同比增长 81.02%。益阳以节会带动促销费，推出八条美食精品旅游线路，全年预计实现旅游收入 400 亿元，旅游人数 4200 万人次，同比分别增长 18%、15%。

市场拓展效果明显，文化旅游品牌营销成效明显。长沙获评首批国家文化和旅游消费示范城市，五一商圈、阳光壹佰凤凰街获评国家级夜间文旅消费集聚区。岳阳策划打造"大美洞庭"环游岳阳、东部激情山水、西部江湖文化、"船说岳阳"洞庭湖水上旅游 4 条品牌旅游线路。株洲将红色教育、党性教育和研学旅行有机结合,高品质打造全国首个"红色专列车厢课堂",推出"学党史、上党课"的列车党建品牌。永州培育打造了一批特色景区,云冰山景区成为粤港澳大湾区冬季旅游首选地,零陵古城打造夜经济品牌。郴州扎实做好"红绿＋"文章,全域推进以红色为主题的文旅产业发展,培育"郴州八点半,夜空最闪亮"夜游品牌。张家界打造了魅力湘西、天门狐仙、张家界千古情等一批文化旅游融合发展的响亮名片。湘西通过发挥"神秘湘西"文化品牌效益大力挖掘旅游市场文化消费热点、亮点、卖点,凤凰古城和芙蓉镇入选首批国家级夜间文旅消费集聚区。

(二) 文化与科技融合方面

以项目建设为抓手夯实新技术基石。常德运用阿里巴巴集团大数据技术,承建了造价1700万元的国内第一条数字化全马环湖赛道——常德柳叶湖智慧马拉松项目,打造了智慧马拉松的全球标杆。郴州在全省率先建成"乐游郴州"本地智慧文旅平台,实现全市4A级以上重点景区旅游视频数据全接入。怀化引进重点文化企业,借助"互联网＋文旅资源＋共享终端"的业务模式,为全国各级文旅系统和亿级游客提供地方文旅资源建设、整合和应用服务。

以改革思维为重点推进媒体融合发展。衡阳在全省率先高标准完成12个县市区融媒体中心和5G智慧电台建设,初步形成了以"掌上衡阳""新衡阳""衡阳发布"和各县级融媒体中心为主体的全媒体传播矩阵。张家界为旅游数字化转型提供理论和技术支撑,成为全国首个设立元宇宙研究中心的景区,实现旅游经济的数字化转型和全域旅游的高质量发展。株洲依托湖南广电云平台,完善"株洲融媒体"平台建设;搭建"广电＋"生态系统,发展智慧家庭平台、智慧城市、车联网、政务网、电力、交通等领域的万物互联服务;引导和培育5G领域体验消费、智能消费等消费新热点、新模式。

以融合升级为目的建强新技术集群。娄底突出互联网文化产业发展,以园区为载体,发展形成万宝新区移动互联网数字文化产业园,实现产值24.6亿元。张家界通过加强市场培育,以融合发展为着力点,借力"互联网＋"新动能,拓展"文化＋"新思维,培育了一批小微互联网文化企业,培育了一批具有代表性的融合项目。

（三）文化和金融融合方面

创新融资模式，打造融媒新样态。芒果超媒打造"平台+内容+资本"的融媒平台，通过非公开发行募集资金45亿元，围绕大屏业务、5G创新业务、出品拼播、衍生品电商等与中国移动开展的深度合作，进一步稳固芒果超媒业务发展护城河。长沙获评首批国家文化和旅游消费示范城市，实施文旅消费示范行动，发放500万元文旅消费券，发行一批文旅信用卡，引领消费潮流。

借力资本市场，提升企业综合实力。衡阳为引导文化企业到文化产业专板挂牌，促进文化产业与金融资本的融合，举办了湖南省区域股权市场文化产业专板培训，同时还认真组织好各类相关专项资金项目的申报工作，获得省文化产业、旅游发展专项资金2300万元的支持。湖南文旅基金以资本为纽带，将分散在溆浦、隆回等不同区域的旅游资源有机地串联在一起，采用"旅游+文化+扶贫"的运营模式，促进全域旅游大发展。体育集团横向加强对优质企业和资产的投资并购，纵向培育自身上市企业，坚定不移地走资本化道路，逐步打造企业融资平台。

七 主动对接"一带一路"沿线国家，踏出"湖南步调"

2021年，湖南文化企业主动同"一带一路"沿线国家开展文化贸易，文化"走出去"内容和模式不断创新。2021年1—10月，湖南出口文化产品339.10亿元，较去年同期增长40%，保持较快增长态势。文化产品主要出口至美国和中国香港，共占同期出口总额近六成。前10个月，对美国出口文化产品119.90亿元，同比增长144%；对中国香港出口额82.70亿元。

1. 湖南广播影视

芒果TV《我们都是追梦人》等主旋律力作，多语种传播，讲好中国故事、展示中国精神；自制剧《理智派生活》成功出海，是Netflix 2021年独家采购的首部华语剧集；版权剧《我才不要和你做朋友呢》登陆日本，海外市场反响热烈。湖南卫视原创模式《一键倾心》签约发行意大利，创中国综艺模式出海最快纪录。平台上，芒果TV国际App技术换代、全新升级，设置"中国文化""建党百年"等专区，覆盖全球195个国家和地区，支持18种语言字幕切换，下载量5100万次，海外用户数

4400万户，成为湖南广电核心海外新媒体平台、中华文化走出去的重要出口。国际频道覆盖落地230个国家和地区，拥有4000万海外用户，在海内外新媒体平台搭建了传播矩阵。

2. 湖南出版投资控股集团

2021年实现版权输出314种、27种语言，覆盖美国、德国、意大利等32个国家（地区），其中主题图书版权占输出总数近50%。《本质：中国共产党与中国》输出阿尔巴尼亚、斯里兰卡、埃及、俄罗斯和中国香港；《大国小村》输出俄罗斯、阿尔巴尼亚、哈萨克斯坦等。6家出版单位入选"2021中国出版社进入世界图书馆系统品种排行100强"。

3. 湖南省演艺集团

放眼全球，"纯粹中国·锦绣潇湘"品牌影响世界。2021年，抓住国家支持集团打造演艺服务出口基地机遇，推动对外演艺，"纯粹中国·锦绣潇湘"全球巡演品牌项目再获商务部国家重点文化出口项目，入选国家重点文化产业项目库，入选湖南省"一带一路"暨国际产能合作重大项目库。

4. 湖南体育产业集团

充分发挥《体坛周报》作为世界三大体育报在全球竞技体育领域的影响力和中国最权威体育内容供应商优势，综合运用体坛传媒"一报七刊"和体坛网、端、微、（视频）号媒体，推出中国代表团队伍和人物系列专题报道，打造体坛冰雪音频节目、体坛知道之"冬奥场馆巡礼"长视频节目，深入阐释"绿色、共享、开放、廉洁"办奥理念，各平台累计覆盖5000万体育用户，冬奥会相关内容视频播放量上亿次，音频播放量数千万次。专门开设体坛加英文频道和相关海外账号，与多家国际媒体合作，向世界推介北京冬奥会，展现"可亲、可爱、可敬"的中国形象。

第二节 2022年文化产业发展趋势与愿景

基于湖南文化产业发展的良好基础和当前庞大的文化市场需求背景，以及新一轮科技革命的持续深入，文化产业发展面临前所未有的机遇，呈现出一些新趋势，也由此有了新的愿景。

一 文化产业发展新机遇

（一）经济高质量发展带来新机遇

"十四五"时期是湖南省深入实现"三高四新"战略定位和使命任务、推进高质量发展的关键时期，在习近平总书记对湖南省弘扬红色文化、传承创新湖湘文化、发展文化创意产业等系列重要指示的指引下，文化领域迎来了繁荣发展的历史机遇，将在更高的起点实现社会文明程度不断提高，公共文化服务水平显著提升，现代文化产业体系逐步健全的文化强国远景目标。

（二）文化需求上升拓展新空间

随着全面小康社会的建成，居民文化消费意愿越发强烈，文化消费水平能力显著提升，在量和质上都有了更高要求。在构建新发展格局和推进文化强省建设中，人民群众文化需求的上升，既是推进文化改革发展的重要动力，也是拓展发展空间的最大潜力。

（三）新一轮科技革命催生新动能

以人工智能、量子信息、移动通信、物联网、区块链为代表的新一代信息技术突破应用，信息技术与文化的深度融合将有效延长文化产业的价值链，催生新的文化业态和发展动力，提高文化产品和服务的供给质量，升级文化生产方式和消费方式。

二 文化产业发展新趋势

文化领域发展前景广阔，但也要看到，外部环境日趋复杂，不稳定性不确定性明显增加，意识形态与文化安全领域的较量日益紧迫、严峻和复杂，维护文化安全和文化走出去任务更加艰巨。在常态化疫情防控背景下，内外需求受抑、全球供应链变化、文化产品外销受阻等因素直接影响到文化消费的复苏，传统产业和发展方式的"天花板"效应日益明显，越来越不适应文化生产力的发展要求和文化消费方式的变化趋势，文化产业转型升级任务艰巨。拨开迷雾，湖南文化产业的高质量发展应该牢牢把握文化产业发展趋势。

1. 产业数字化进程加速

"文化+科技"双轮驱动，文化要素市场化配置，五大国有文化企业集团、马栏山视频文创园等加快以"文化＋科技"双轮驱动高质量发展。文化要素市场化配置特征越来越明显，要求我们抢抓新一轮市场化改革机遇，完善上下游文化要素及产业链条，促进数字化转型。

2. 县域美学经济兴起

下沉市场引领文化普惠，公共文化服务提质增效。当前，数字文化市场下沉趋势凸现，数字文化消费活力成为文化经济发展"晴雨表"，创新的平台与媒介可以让优质文化资源以多元和丰富的数字文化形态实现连接和传播，为偏远地区提供更加公平的创新条件。借助数字技术，通向"最后一公里"的普惠连接正在逐步实现，文化振兴有望成为实施乡村振兴的重要抓手。

3. 对外文化贸易结构升级

发展对外文化贸易是提升国家文化软实力、增强中华文化影响力和竞争力的重要方式。文化产业的发展是文化软实力提升的主要动力。这要求我们不断创新，提高自主技术进步水平，不断提高文化产业竞争力。

三 文化产业发展新愿景

当前湖南省市州文化产业发展差距较大，民营文化企业总体竞争优势不强，受疫情影响对外文化贸易交流趋势放缓。面对这些发展困境，2022年湖南文化产业发展更应谋定而后动，在以下几个方面发力。

1. 供给优质产品、讲好中国故事，深度融入"一带一路"

完善湖湘文化对外沟通交流机制，丰富湖湘文化对外沟通交流形式，拓展湖湘文化对外沟通交流内涵，提升湖湘文化对外沟通交流品质，着力用好关税减让优惠，市场开放承诺，原产地累积规则等政策，制订详细有效的行动方案，推进与"一带一路"市场在经贸、产业、市场、规则等方面的对接合作，把湖南双向开放的门开得更大，经贸合作的路拓得更宽，对外联通的桥架得更牢。

2. 上云用数赋智、科技赋能文化，加快推进文化产业数字化

实施文化产业数字化战略，促进数字文化产业集聚集约发展。加快数字化产业园区建设，培育壮大新型文化业态，走集聚发展道路。

3. 弘扬红色文化、传承湖湘文化，融入区域化大发展

大力弘扬湖南红色文化，着力加强社会主义精神文明建设，真正做

到"把红色资源利用好、把红色传统发扬好、把红色基因传承好",为文化建设强基固本、壮骨铸魂。

4. 文化点石成金,振兴乡村产业、促进城乡融合发展

一是通过文化建设为乡村振兴提供智力支持,培养新型农民。二是通过文化建设推动乡村文化产业发展,形成独具特色的特色乡村文化产业。三是通过文化建设推动文化与农业、旅游等产业融合发展,发展差异化的文化旅游产业。

5. 服务文化强国大战略,进一步提升文化软实力

推动中华优秀传统文化的挖掘整理和开发利用,推动革命文化保护研究和开发利用,坚持和发展社会主义先进文化,加强社会主义精神文明建设,促进满足人民文化需求和增强人民精神力量相统一,不断提升文化软实力。

第三节 推动湖南文化产业高质量发展的对策建议

党的十九届五中全会提出 2035 年建成文化强国,标定了当前和今后一个时期我国文化建设的总目标、总任务、总指引。湖南文源深、文脉广、文气足,拥有璀璨夺目的湖湘文化、得天独厚的红色文化和蓬勃发展的当代文化,如何高质量推进湖南文化产业发展,应从以下几个方面发力:

一 深入贯彻文化数字化战略,加快文化产业转型升级步伐

1. 做好顶层设计,推动传统业态转型,加快新业态培育

发挥数字文化产业独特优势,宣传主流价值,引领道德风尚。培育和践行社会主义核心价值观,以数字化方式讲好党的故事、革命的故事、英雄的故事,传承弘扬中华优秀传统文化,不断丰富中华文化的当代表达。以优质数字文化产品引领青年文化消费。

2. 扩大优质数字文化产品供给,促进满足人民文化需求和增强人民精神力量相统一

坚定文化自信,不断创作生产出更有底蕴、更接地气的中华文化数字化成果,提升数字文化内容供给能力,满足多样化、个性化、高品质

文化需求。

3. 坚持高质量发展方向，强化系统观念，推进文化产业全链条、全流程、全领域数字化升级

统筹运用数字化技术和思维推动文化产业体制机制、方式流程、手段工具等转型，加强新型基础设施建设，促进产业互联互通，以数字化推动文化产业实现更高质量、更有效率、更加公平、更可持续、更为安全的发展。

4. 坚持创新驱动，加快发展新型文化企业、文化业态、文化消费模式，为经济社会发展赋能

坚持把创新作为引领文化产业发展的第一动力，紧跟数字技术变革和演进方向，推进文化与科技深度融合，让文化产业更加适宜现代化技术生产、网络传播、体验消费。培育壮大线上演播、沉浸式体验等文化新业态。以数字化便利性，盘活文化资源，降低交易成本，优化消费环境，扩大文化消费规模。

5. 加快发展数字文化贸易，积极融入新发展格局，以数字化创新推进中华文化国际传播，持续提升中国文化、中国价值的国际认同

推动文化贸易链条的数字化改造，促进市场、技术、人才、资金等资源双向互动，培育我国文化产业参与国际竞争新优势。

二 注重集群集聚发展，打造以马栏山视频文创园为重点的文化产业发展新高地

紧紧围绕习近平总书记考察马栏山时肯定马栏山"文化和科技融合"模式的指示精神，对标全国领先、世界一流的目标，聚焦5G高新视频产业存在的短板弱项，精准施策，攻坚克难，高位推动5G实验室申报国家重点实验室，把5G高新视频产业打造成马栏山高质量发展的新引擎、新优势。

1. 加快产研融合，实现技术新突破

打通"两山"之间产教融合和资源共享渠道。发挥好5G实验室的技术龙头作用，强化科技突破对产业规模效益的提升支撑作用。培育孵化文化与科技融合重要平台。将5G实验室作为核心技术研发平台，整合湖南广电全系统的技术研发资源、创新人才资源、行业数据资源，积极向

科技部申报5G实验室为国家重点实验室。依托湖湘科教力量,与省内高校、科研院所、核心信息企业建立合作攻关机制。聚集5G高新视频全流程最前沿技术要素,协同开展重大技术专题攻关。加快"高新视频产业云平台"等公共技术服务平台建设,致力变现、整合、连接、输出"四大能力"的建设。

2. 加快产业融创,拓展产业新业态

大力推进5G高新视频在湖南广电、芒果TV的落地应用。加速传统媒体转型未来新媒体,形成新的产业优势和核心竞争力。推动5G技术与文化产业的合作与应用。围绕视频产业生态圈、动漫游戏电竞产业生态圈、数字出版产业生态圈三个核心圈层,结合体育产业、文旅产业、康养产业等其他相关产业,打造高新视频新产品、新应用、新业态。推动5G跨界融合、催生新兴业态。将5G数字技术、视频内容与先进制造业、教育、医疗、养老等行业融合起来,产生变革升级飞跃。

3. 打通内外循环,开拓业务新市场

巩固扩展国内市场占有率。加大国际合作交流力度。依托马栏山园区,根据与国际接轨的交流合作需求,吸引国际投资,推动马栏山在高新视频制作、影视拍摄方面深度参与国际合作与交流,发展高新视频产品服务出口贸易,抓住湖南自由贸易区建设的契机,积极推动高新视频产品、服务走出去,推动5G高新视频产业在更高层次上参与世界行业标准规则制定,参与国际分工体系,以更加有力的竞争优势占据全球产业价值链的中高端。

三 以实际举措推动文化旅游深度融合,大力促进文化旅游高质量发展

1. 推进体制机制改革

不断深化改革,统筹湖湘红色文化资源,实施革命文物保护工程和红色旅游精品工程,全面提升红色旅游开发和管理水平。以红色基因融入新发展格局,打造红色文旅精品路线。融入新发展格局,建设国际知名旅游目的地,塑造亮眼文旅品牌形象,助力"三高四新"战略定位和使命任务。以湖南省首届全省旅游发展大会为抓手,整合资源推动经济发展和精神文明水平全面提升,在全省树立高质量发展标杆。

2. 积极培育市场主体，推动文旅产业繁荣发展

抓好疫情防控常态化下产业发展；聚焦深度融合，推动产业全链条共生共赢，深度融合出文旅产业链条，积极培育市场主体，加快文旅市场主体的培育壮大；稳链、补链、强链，积极探索和培育文化和旅游产业新业态，推动文旅事业繁荣发展。

3. 健全为民惠民体系，不断丰富人民文旅生活

始终坚守初心使命，牢记以人民为中心的发展理念，增加供给，推进文旅重大项目建设，不断提高公共文化服务水平，加强文化市场监管力度，不断健全为民惠民体系，不断丰富人民文旅生活。

四 发挥长沙龙头带动作用，推动区域间平衡发展

1. 高位谋划部署新布局

落实主体功能区战略，进一步优化空间布局，强化长沙龙头带动作用，发挥周边地区比较优势，共同构筑优势互补、高质量发展的区域格局，促进中心区协调发展，强化区域联动发展。进一步强化长沙中心地位、龙头作用和集聚功能，增强极化带动效应，引领长株潭整体发展再上新台阶。提升区域协同发展整体水平和效率。

2. 辐射带动周边地区加快发展

加强与洞庭湖生态经济区、湘南地区、湘西地区的深层次合作，带动岳阳、常德、益阳、娄底、衡阳等周边城市协同发展，促进区域间相互融通补充。加强与京津冀、长三角、粤港澳大湾区及武汉城市圈、大南昌都市圈等地的合作交流，推动高质量发展。

3. 深入实施创新驱动发展战略

依托长株潭国家自主创新示范区、国家创新型城市建设，搭建协同创新平台，集聚创新要素，加大产业创新力度，建立产业协同机制，完善创新体制机制，促进创新链、产业链融合及产业链、供应链稳定，构建特色鲜明、优势互补的一体化现代文化产业体系。

五 创新体制机制，加强对文化产业的政策资金及金融创新支持

1. 深化金融供给侧结构性改革

通过文化金融政策创新，引导撬动社会资本加大文化产业投融资规

模,推动金融助力文化产业发展。

2. 加大再贴现资金支持力度

对金融机构为小微文化企业签发、收受的票据办理贴现后申请再贴现的,纳入政策优先支持范围。对文化企业实行名单制管理,为文化企业信贷投放占比高的金融机构提供专项额度,通过优化流程和再贴现申请条件,实现再贴现快速审批,资金快速落地,进一步提升优质文化企业票据融资的便利度。积极运用信贷政策再贷款工具,加大对民营、小微文化企业的信贷投放力度。

3. 开展文化金融创新试点工作

推动文化、金融、科技融合,加强信息共享与金融基础设施建设,为金融科技服务文化金融创造有利条件。创新开展知识产权价值信用贷款试点工作,充分发挥知识产权价值的信用增进作用。

六 坚持让文化产业"走进去"与"走出去"相结合,构建更加广阔有效的市场格局

1. 围绕重大主题讲好湖南故事

围绕湖南改革发展大局,紧扣重点工作、利用重要会议、借助大型活动做好对外宣传,讲好湖南故事。加强议题设置,对外推出系列专题报道,充分展示湖南经济社会发展取得的成就。积极开展主题外宣活动,邀请国外主流媒体记者进行现场采访报道,向世界充分展示湖南发展成就、人文历史和秀丽风光。加快推动湖南文化走出去,继续抓好"两会"、中非经贸博览会、"港洽周"、农博会、矿博会等活动的对外宣传,向世界讲述湖南改革发展的新进展新成就。

2. 加强文化交流品牌建设

深化对外文化交流合作,以重大外交外事活动为平台,举办高水准配套文化活动。积极参与"感知中国""欢乐春节""四海同春""文化中国"等国家级对外文化交流活动,进一步打造"湖南文化走向世界"品牌。紧紧围绕主题主线主旋律持续发力,坚持中国故事、国际表达,加大扶持力度,精选优选、精细译配、合作制作体现当代中国价值观念、中华传统优秀文化精髓魅力并具有国际影响力的优秀影视作品和广播电视节目,以"一带一路"为主线,加快"走出去"的步伐,继续提升中

华文化、湖湘文化的国际影响力。

3. 拓展文化合作平台

支持推送一批思想精深、艺术精湛、制作精良的精品剧目亮相国际舞台。推动文化贸易高质量发展，支持推动更多的湘书、湘剧、湘影在海外热卖、热演、热播。打造自主海外传播平台，建立外宣人才人脉资源库。壮大自建海外融媒体传播平台（国际 App），构建新型海外传播体系。继续支持推动湖南国际频道海外落地，加大芒果 TV 与海外平台合作力度，精心制作一批反映现代化新湖南的外宣精品。

七 加强要素保障，夯实高质量发展根基

1. 加强组织领导

坚持马克思主义在意识形态领域的指导地位，坚持党管宣传、党管意识形态、党管媒体，压紧压实意识形态工作责任制。加强理论武装，推动习近平新时代中国特色社会主义思想深入人心。守住管好各类意识形态阵地，健全舆情应急处置机制，筑牢意识形态安全屏障。

2. 强化资金保障

加大财政投入力度，形成稳定的财政经费保障机制。创新财政投入方式，采用政府购买、项目补贴、贷款贴息以及市场运作等形式，加大对文化建设主体、平台和项目的支持力度。注重利用巡视巡察、审计、绩效评价等成果，加强资金监管，用好用活各类文化和旅游资金，切实提高资金使用效率。提高财政资金的示范作用，带动和吸引社会资本以合资、合作或独资等方式，投资参与文化项目的开发建设和运营管理服务。

3. 强化人才智力支撑

健全文化人才管理服务机制，完善文化人才培养引进机制。健全高等院校文化人才培养体系，依托高等院校文化相关专业，紧贴需求及时调整专业设置，加快培养一批与湖南省文化发展相衔接的学术型、技能型文化人才。建立基于重大项目的人才引进机制，汇聚一批复合型、创新型文化人才，完善引导扶持机制，畅通文化人才在国有和民营机构、事业单位和企业、区域和城乡之间双向交流渠道，鼓励大型文化企业建立博士后科研工作站，创新文化人才评价激励机制。着力营造支持人才

干事创业的良好氛围,加快建成具有核心竞争力、鲜明湖湘标识的文化人才发展生态。

[课题组组长:邓子纲,湖南省社会科学院(省政府发展研究中心)产业经济研究所所长、研究员。课题组成员:王凡、廖卓娴、陈旺民]

第二章

湖南文化产业竞争力研究[①]

近年来,湖南牢记习近平总书记的殷殷嘱托,完整、准确、全面贯彻新发展理念,融入新发展格局,紧扣高质量发展主题,牢牢把握正确导向,坚持把社会效益放在首位,促进社会效益与经济效益相统一,守正创新推动文化产业持续高质量发展。

第一节 湖南文化产业发展现状分析

总体来看,全省文化产业在实现恢复性增长基础上,保持稳中有进、稳中向好的发展态势,成为重要支柱性产业和"双循环"新发展格局下的新动能。

一 湖南文化产业总体发展概况

(一)发展规模逐步扩大,增速较快

湖南历史悠久,人文荟萃。近年来,省委省政府立足大文化引领,大投入推进,大项目带动,大平台支撑,大力度创新的发展模式,文化创意产业规模迅速增长,质量效益稳步提升。2016年完成总产值(GDP)5848.25亿元,同比增长14.25%;2016年完成增加值1911.26亿元,同比增长率为12%,占GDP的比重为6.12%。2017年完成增加值2112亿元,同比增长率为10.50%,占GDP的比重为6.20%,约为2004年的10

[①] 本章系2020年湖南省社会科学院(省政府发展研究中心)湖南文化创意产业研究中心课题:湖南文化产业竞争力发展研究(22WHCYZD3)的研究成果。

倍，文化产业居全国第一方阵、中西部前列，成为重要的支柱性产业，对GDP的贡献率居全国前列。2018年全省文化产业总产出和增加值继续保持增长态势，但较2012—2017年文化产业增加值年均12.50%的高增速相比，增速明显放缓。全省规模以上文化及相关产业法人单位数3526家、同比增长11.50%，实现营业收入3132.80亿元、同比下降28.60%，实现利润总额209.90亿元、同比下降18.26%，单位平均营收和平均利润下滑比较明显。与规模以上文化及相关产业法人单位营收能力下降形成对比的是，部分新兴文化业态表现出强劲的发展势头。经统一核算，2019年，湖南文化及相关产业增加值为2024.25亿元，较上年增加188.19亿元，现价增速为10.20%，比GDP名义增速高0.40个百分点，占GDP的比重为5.07%，比全国平均水平高0.57个百分点，比上年提高0.02个百分点。2020年，湖南文化及相关产业实现增加值2058.0亿元，比上年增长1.70%（未扣除价格因素，下同），占GDP的比重为4.95%，比上年下降0.12个百分点，比全国平均水平高0.52个百分点。

（二）市场潜力稳步提升，影响较大

湖南省拥有近7000万常住人口，文化需求量大，文化投资、文化消费潜力较大，具有实施差异化发展的市场基础。文化大项目、大园区建设加快。近年来湖南文化产业投资增长迅速。2017年，全省文化产业完成投资2279亿元，同比增长13.90%，高出全省固定资产投资完成额增速0.80个百分点，有华谊兄弟电影小镇、新华联铜官窑古镇、湘江欢乐城等一批投资上十亿元的重大文化产业项目。长沙获评国家文化出口基地、国家文化和科技融合示范基地。文化消费水平持续提升，文化消费逐步成为生活"刚需"。2019年全省重大文化产业项目建设加快，新华联铜官窑古镇、华谊兄弟电影小镇、零陵古城、益阳云梦方舟七色花洲等一批项目建成开业。湘江欢乐城、华强方特东方神画建成开业。城市文化消费方面，2020年全省电影票房收入6.25亿元，同比增长26.13%。长沙音乐厅运营以来，每年举办演出200场，平均上座率达到90%以上。文化产业区域发展空间较大。推动湖南文化产业差异化发展，不平衡的现状既是问题也是机遇。产业结构不断优化升级，文化与金融、科技、旅游等相关产业的融合力度不断加大，传统文化产业数字化转型升级成效明显，形成了以影视传媒、新闻出版、动漫游戏、演艺娱乐、文化旅游、工艺美术等为重点的现代文化产业体系。数字创意、信息服务、文化智能制造、互联网视频、虚拟现实技术等一批新兴文化创意产业加速集结，产业领域迅速拓展，竞争能力显著增强。

（三）文化旅游深度融合，特色鲜明

将本土特色文化资源与旅游资源有机结合，构建全域旅游的发展思路和模式，培育了一批文化旅游品牌，形成特色鲜明、创新能力强、产业链完整的文化旅游景区和产业基地、园区、集群。省委省政府先后制定出台了《中共湖南省委　湖南省人民政府关于建设旅游强省的决定》、《湖南省人民政府关于促进旅游业改革发展的实施意见》，印发了《湖南省消费导向型旅游投资促进计划》等一系列文化旅游融合发展的政策文件，充分发挥了政策的战略导向作用，指导文化旅游健康发展。在文化旅游线路建设上，2018年重点推出了世界遗产精品旅游线、张吉怀生态文化精品旅游线、湘南寻根祭祖精品旅游线、湘东红色文化与休闲精品旅游线、湘中大梅山文化精品旅游线、湘北环洞庭湖生态文化度假精品旅游线、伟人故里"红三角"精品旅游线、湘江生态文化旅游精品线八条省级精品文化旅游线路。

（四）文化产业"走出去"，影响扩大

近几年，借助与海外中国文化中心年度合作、海外"欢乐春节"两个国家平台，全方位宣传湖湘文化特色。截至2018年6月30日，湖南省共派出102批1138人次赴38个国家和地区开展文化交流，引进交流项目（含涉外涉港澳台营业性演出）707批次，8451人次，活动性质由单纯的交流性质发展到对外文化交流与对外文化贸易并举，加强了对外文化贸易交流。为促进对外文化贸易交流，近年来，我们连续参展了中国（深圳）国际文化产业博览交易会，并联合省文旅厅、中国贸促会湖南分会等单位连续指导主办了七届湖湘动漫月，为文化产业发展搭建平台。同时，落实国家文化"走出去"战略，与省商务厅联合推荐中南传媒、芒果超媒等企业申报国家文化出口重点企业、国家文化出口重点项目及对外文化贸易项目，提升湖南省文化产业的外向度和国际化营运水平。大力推动湘瓷、湘绣、湘书、湘茶、湘影等文化产品走向海外，不断拓展"湘字号"文化产品的国际市场份额。截至2020年，共有14家湖南文化企业入选2019—2020年度国家文化出口重点企业，其中：湖南卫视入选亚洲电视品牌 10 强；中南出版传媒集团股份有限公司积极实施"走出去"发展战略，公司的版权和成品书输出总量不断上升，文化出口涉及的国家从东亚、东南亚地区向欧美辐射，国际化运营水平不断提高；天舟文化股份有限公司与美国、日本等 9 个国家和有关机构的多方位合作，加快了外文图书、动漫游戏、教育产业的国际化进程。

二 湖南文化产业重点行业发展情况

（一）影视业：从平面到立体的升级

湖南广电湘军长期以来以内容创新优势影响受众，被业界和上级视为中国娱乐节目的生产基地之一。经过这些年的发展，湖南广电影视内容生产已经形成了"四驾马车"。

一是以多主体、多方位投入为带动，形成一定规模的生产能力，形成实力相对较强的出品单位。2018 年，湖南卫视推出的原创声音魅力竞演真人秀节目《声临其境》，自开播以来实现了口碑与收视率的双赢。节目播出 11 期，收视都居同时段榜首，成为 2018 年开年国产文化综艺节目的佼佼者，找到了影视经典与当今大众需求的最大公约数。2021 年湖南卫视由"快乐中国"升级为"青春中国"，引领新一轮创新。《快乐大本营》从名称到内容进行脱胎换骨的变化。节目以健康益智类互动为主，同时对主持团队进行全面调整，还有中国第一个综艺节目虚拟主持人"小漾"的加入。《天天向上》以边播边优化的方式进行升级，聚焦传统文化、文化交流、科技科教等主题，新增"改变未来的五分钟"等板块，推出"奇妙的科学""青年智造课"等专场。2021 年四季度连推《时光音乐会》《云上的小店》《再次见到你》《今天你也辛苦了》《欢唱大篷车》《向你致敬》等小而美、接地气、正能量、治愈系的原创暖综，获《人民日报》等主流媒体肯定。经典 IP《中餐厅》《向往的生活》等推陈出新，用中华美食、田园生活连起亲情、友情、家国情。

二是以大规模、大题材、大投入、大影响的电影、电视剧、纪录片和活动为支柱，形成独特的大片文化，出品了一系列代表作。近年来播出的《宫锁心玉》《回家的诱惑》《宫锁珠帘》《笑傲江湖》《百万新娘之爱无悔》《陆贞传奇》等精品剧集收视排名前茅。《恰同学少年》被称为国内"第一部红色青春偶像剧"，获第 26 届中国电视剧"飞天奖"一等奖、最佳编剧奖以及全国"五个一工程"奖。潇湘电影集团的《青藏线》《革命到底》和《他们的船》三部影片成功入选年度优秀国产影片金秋展映片目。就电视剧的题材来说，长沙广电和湖南广电的侧重点有所不同。长沙广电一般偏重于重大的历史题材及革命题材，这方面的代表作有《雍正王朝》《走向共和》《恰同学少年》等。其中44集电视连续剧《雍正王朝》（历史题材剧）荣获了该年度"飞天奖""金鹰奖"、全国"五个一"工程奖，创造了中国电视史上包揽电视剧三项大奖的纪录，并在港台地区成为多家媒体热捧的内地影视作品，形成风靡海内外的"雍正王朝"文化现象。湖南卫视侧重娱乐性节目，大多制作青春偶像剧、轻喜剧等，《爸爸去哪儿》大电影，拍摄仅一个多星期，投资不过几千万元，却狂赚7亿元票房，令人震撼。主旋律题材也是其开发的一个重点，如《恰同学少年》《血色湘西》等。潇湘电影集团侧重红色革命题材的开发，如《半条棉被》《十八洞村》《大地颂歌》等；湖南经视以现代题材为主要方向，如《一家老小向前冲》《悠悠寸草心》等；电广传媒偏向市场题材的制作，如《乾隆王朝》《非常公民》《绝对权力》《军人机密》《上海王》等；北京响巢公司则以产业创新为主，通过电视剧的制作进行制播分离的探索，如《丑女无敌》。2021年潇影集团围绕庆祝建党百年，创作《英雄若兰》《堡垒》《八百矿工上井冈》等作品，主动进军商业电影市场，联合出品电影《门锁》《旁观者》，《门锁》票房破2.3亿元，打破了过去三年国产惊悚片票房纪录。

三是夯实底座，打造文化与科技融合新标杆。按照习近平总书记加快文化与科技深度融合的重要指示精神，紧贴行业前沿技术，紧扣湖南广电主业，让文化与科技共情共生，参与未来传播形态的竞争。首先，完善技术顶层设计。建设自主可控、资源共享、迭代升级、可持续发展的下一代技术系统，加快构建主流新媒体集团技术底座。2021年，国家广电总局授牌成立中国（湖南）广播电视媒体融合发展创新中心，集团公司（台）增设融创中心，负责媒体融合的研发规划及项目管理，统筹推进主流新媒体集团中台建设，负责5G重点实验室、芒果幻视、芒果无际等平台、公司运营管理，以体制创新促推科研成果落地见效，增强造血机能。其次，建强新技术集群。依托5G高新视频多场景应用国家广播电视总局重点实验室、上海科技大学与芒果TV联合实验室、芒果TV创新研究院、芒果幻视、芒果无际、芒果科技等平台，为主流新媒体集团建设提供了多元、充沛、可持续的动力保障。一批技术成果应用于实践，推出湖南卫视数字主持人"小漾"、芒果TV首个虚拟人"YAOYAO"，上线首场XR线上演唱会《潮音实验室》，完善虚拟晚会《你好，2035》、虚拟社交平台"芒果幻城"，同时，布局数字藏品、VR体验馆、VR剧本杀、互动剧等，主流新媒体的边界不断延伸，面向未来的传播形态加快构建。最后，夯实新技术基石。争当马栏山视频文创园建设主力军，积极推进节目生产基地、芒果马栏山广场、上海湘芒果广场等项目的建设与数字化运营。

四是探索出一条独特的影视作品制作、编播和衍生开发模式，打造全方位产业链。以电视剧作品为例，一方面湖南自制剧创收成绩斐然。根据各单位平台性质和自制剧的定位不同，各单位自制剧成本回收和赢利渠道也有所差异。湖南卫视自制剧一般是为满足本频道独播剧播出的需要，很少外售。经视一般是自己首轮播出，然后再卖给省内外其他频道。据统计，多年间湖南经视自拍电视剧累计销售基本与投入持平。也就是说，仅通过自己首轮播出后的再次销售，电视台就已经收回了成本。长沙广电因城市电视台的覆盖范围有限，自制剧的定位基本是外售，通过高投入打造精品谋求高回报，并取得了不错的收益。

（二）出版业：从地方到全球的跨越

湖南省素有"出版湘军"之称。2016年，湖南出版投资控股集团（以下简称湖南出版集团）汇总营收突破200亿元大关，达到208.78亿元，实现利润19.17亿元。2017年，湖南新闻出版业总资产值为621.80亿元、同比增长6.33%，营业收入为451.40亿元、同比增长5.07%，利润总额44.21亿元、同比增长2.92%。出版图书11942种，总印数45789万册，报纸85种，总印数94436万份；期刊254种，总印数13759万册。中南传媒位列"全球出版业50强"第六名，连续九届入选全国文化企业30强。湖南新闻出版业总资产为578.77亿元、同比下降1.14%，营业收入444.64亿元、同比下降0.80%。其中，出版图书9805种、同比下降19.76%，报纸总印数84801万份、同比下降8.73%，期刊总印数8768.07万册、同比下降24.96%，出版物发行销售码洋146.87亿元、同比下降18.12%。2020年疫情发生以来，集团生产经营节奏被打乱，编辑、印刷、发行受限，媒体广告锐减，书店、酒店一度关门，物业减租退租，会展业务、国际业务等难以开展。集团党委带领干部职工顽强拼搏，2020年营收利润逆势增长。

回顾近几年发展情况，湖南图书出版业发展有三大特点和特色。

一是发展势头好。出版产业由传统介质走向多元化，湖南出版集团创办了《潇湘晨报》，与红网实行战略整合，实现了从单一的纸质媒体向磁、光、电、网多媒体发展，形成了图书、报纸、期刊、音像、电子、网络等门类齐全的出版产业体系。《湖南日报》实现了跨媒介跨领域发展，整体实力不断增强，形成了以党委机关报为主体，都市、经济、科技、文化类报刊齐头并进的格局。网络、数字媒体迅速扩张，形成了红网、湖南在线、金鹰网、华声在线、星辰在线等一批网络媒体品牌，湖南手机报、华声手机报、手机动漫周刊等新媒体成功面市，迅速占领新兴传媒消费市场。湖南出版集团在2021年全国第30届书博会展出图书3000余种，比上届书市增长28%，订货量位居全国第三位。湖南科技出版社的科普图书、岳麓书社的古典文化名著图书，分别以16%和10%的市场占有率，连续6个月保持细分市场第一的领先地位。《世界是平的》连续4个月位居非虚构类畅销书总榜前列。湘版图书对外合作已签约84种，列全国第三。在全国首次营利性出版单位等级评估中，湖南人民出版社、湖南科技出版社、岳麓书社、湖南美术出版社、湖南文艺出版社5家单位入选"全国百佳图书出版单位"。湖南出版集团的媒体和活动影响力持续扩大。红网在地方新闻网站中影响力排名第一，时刻新闻客户端用户数突破1650万户，在国家网信办App传播力榜上排名第二。

二是"走出去"表现突出。长期以来，湖南每年在海外推介销售书目种类在20种以上。湖南有21个项目入选"中国图书对外推广计划"，第59届法兰克福书展上，"艺术中国""魅力湖南"六大书系获得广泛好评。《恰同学少年》《爱城》两书的韩文版在韩国出版发行，湖南出版集团还与俄罗斯科学院国际学术期刊出版控股公司共同签署了成立合资出版企业的意向书。湖南出版集团的"走出去"工程得到新闻出版总署和国务院新闻办推介。2009年初在湖南召开了"中国图书对外推广计划"第五次会议，年底集团又获得由国家四部委（商务部、文化部、新闻出版总署、广电总局）联合评定的"国家文化出口重点单位"称号；同时，一大批图书荣获国家级大奖。集团的经济指标创历史最好成绩,销售总额、利润总额和经济增长速度都创历史新高。目前,湖南出版集团已在欧洲、美国设立了海外工作站,与美国、俄罗斯、英国、法国、德国、日本等国家和地区的100多家出版机构建立了贸易关系。体坛周报借助北京奥运会在全球的影响,扎实推进了全球化战略,与法国《队报》、西班牙《马卡报》、意大利《米兰体育报》等多个国家的体育传媒进行了合作,并积极引进战略投资者,顺利推动了境外市场的健康发展。中南传媒版权输出项目中,近80%面向"一带一路"沿线国家,其中包括展现当代中国发展道路和当代中国价值观念的主题图书,如《社会主义核心价值观简明读本》输往印度,《新常态下的大国经济》输往越南,《艺术中国》《百年中国艺术史》等传承中华文明,适于国际传播的艺术类图书输往黎巴嫩、加拿大、俄罗斯等地,中国当代知名作家作品《乖,摸摸头》《我这辈子有过你》输往韩国、泰国、越南、美国等地。就单个出版社而言,湖南少年儿童图书社走出去的效果显著,该社以新加坡为始发站的"中国童书海上丝绸之路"项目,2017年将驶入印度洋上的明珠斯里兰卡。而2017年6月在丹麦安徒生中心以"东西方文化视野下的安徒生精神"为主题展开的学术交流,也在"一带一路"的西北延长线上,为中国文化的传播开启了新的空间。湖南出版投资控股集团2021年实现版权输出314种、27种语言,覆盖美国、德国、意大利等32个国家(地区),其中主题图书版权占输出总数近50%,《本质:中国共产党与中国》输出阿尔巴尼亚、斯里兰卡、埃及、俄罗斯和中国香港,《大国小村》输出俄罗斯、阿尔巴尼亚、哈萨克斯坦等。6家出版单位入选"2021中国出版社进入世界图书馆系统品种排行100强"。

三是借力资本市场带动产业快速发展。中南传媒成功登陆上海证券交易所,迅速吸引了社会资本的关注,首日即大涨近30%,次日再次强劲拉升,市值一举突破248亿元。中南传媒上市是湖南图书出版业的一个标志性事件,也是湖南出版业强大力量的一个宣示,具有多方面的意义:第一,它打造了一家中国文化产业领域的重要战略投资者。上市使得湖南出版集团从传统出版集团变身为文化产业领域战略投资者,未来将可能在中国文化产业大格局中占据更为重要的一席。第二,它创造了在出版行业里一次性整体上市的记录。尽管中南传媒不是第一个上市的出版企业，但是它是第一家整体上市的出版企业，首次实现了全流程、多介质打包上市。第三，它结束了湖南在沪市主板6年没有首发上市纪录的空白。

（三）动漫业：从敢为人先到全国驰名

湖南动漫主要以原创电视动漫为主，在"敢为人先"的精神引领下，湖南动漫人走出了一条创新之路、原创之路、品牌之路。湖南在中国民族原创动漫业界是第一个吃螃蟹的先行者，其动漫发展史可上溯到1996年组建湖南第一家专业制作动漫的湖南东方卡通公司，在公司的小作坊里，诞生了蓝猫这一后来驰名全国的动漫形象。湖南动漫苦心经营10余年，终于打开了局面，在湖南动漫史上，曾先后诞生了全国第一个原创驰名动漫品牌、第一大动漫生产企业、第一大原创动漫生产基地、第一大手机动漫企业。近几年来，加强湖湘原创动漫游戏精品创作，大力发展原创漫画、影视动画、网络动漫、手机动漫、动漫舞台剧演出和动漫软件制作等动漫游戏产业，打造动漫游戏行业品牌。推动动漫游戏跨界融合发展，鼓励与设计业、制造业、旅游业等开展合作，促进动漫游戏与影视、直播、文学、体育等深度融合。开发动漫游戏衍生品市场，形成完整产业链。加强游戏核心技术研发和提升，大力发展手游、端游、VR游戏等新型业态。培育和引进高水平专业运营机构，举办大型游戏赛事活动，打造区域性电子竞技赛事中心。推动长沙（国际）动漫游戏展成为全国知名动漫展会品牌。据不完全统计，2020年全省动漫游戏及相关业务年度总产值超过370.40亿元，同比增长10.57%。其中，全省动漫产业总产值为150.51亿元（含漫画、动画、授权及衍生相关产业收入），全省游戏产业总产值为219.89亿元（含手机游戏、网页游戏、电子竞技游戏、ARVR游戏及相关产业收入）。全省共有23家企业获得国家动漫企业认定，其中重点动漫企业3家。2020年全省共完成电视动画片生产并上线发行9部，1175.50分钟。全省网络动画原创作品6部，其中有1部作品取得上线备案号，用户数猛增，市场快速增长。全省动漫图书销售达6281709册，主要以童书类动漫、卡通图书为主。网络漫画市场也在快速扩张。全省上市运营的手游达96款，伴随着泛娱乐IP时代的到来，游戏产业中的电竞新兴职业也引起关注，云游戏成为新趋势。

综合篇

湖南动漫行业发展有以下五大特点。

一是立足原创精品路线，动漫产品质量提升坚持精品原创化，创造出全国数一数二的动画，是湖南动漫游戏产业发展的主导方向。随着科技进步和动漫游戏制作水平的提高，湖南动漫节目创意制作趋向多元化、精品化和栏目化，原创制作能力保持领先，艺术水平进一步提高。蓝猫动漫三维优秀动画片《蓝猫龙旗团》第三季，在央视播放广受好评，蓝猫卡通动画片已经叫响全国及国际市场，"龙骑团"获得多个奖项，衍生品的开发也进入了良性循环，预计可赢利 3000 万元以上，蓝猫老品牌估值达 26 亿元。锦绣神州公司启动两大动画项目、五大图书项目、两大动漫游戏项目，依托两大原创内容品牌《奇游迹》和《姓氏王国》，创新全产业链开发模式，涉及衍生产业包括《奇游迹》特色 DIY 产品、毛绒公仔、T 恤、口杯、主题时尚背包、《姓氏王国》主题变形玩具等达数百种衍生产品。山猫卡通于 2013 年、2014 年、2015 年连续三年被国家商务部、国家文化部、国家广电总局、国家新闻出版总署联合评定为"国家文化出口重点企业"，其制作的系列动画节目已经出口到美国、中东等 71 个国家和地区。金鹰卡通卫视明星亲子益智闯关节目《疯狂的麦咭》在全国网络数据中，一度收视率为 0.79%，市场份额 2.43%，位居同时段省级卫视排名第一。2020 年湖南动漫游戏产业原创能力提升快速，涌现出不少好作品。金鹰卡通原创动画连续剧《23 号牛乃唐》得到了中宣部《新闻阅评》、国家广电总局《监听监看日报》的点名表扬，《人民日报》等多家权威媒体发文点赞。

二是动漫新媒体成市场新宠，产业战略转型初见成效。在新媒体数字时代，以网络动漫和手机动漫为代表的新媒体动漫已发展成为我国动漫产业新的增长点。湖南动漫产业也适时推动与新媒体的融合发展，重点发力游戏产业，成效显著。长沙意动文化网络动画作品《铁头与橘子》共发布视频 110 条，抖音粉丝 477 万，快手粉丝 330 万，总点击量 10 亿次，抖音直播四场，进直播间总人数 40 万人，快手直播两次，进直播间总人数 14 万人。2020 年广告收益超过 100 万元。湖南华视坐标传媒动画有限公司主营收入超过 1000 万元，与贝拉小镇联合推出的网络动画《贝拉队长》火爆上线，制作量将超过 200 集。

三是市场主体不断扩大，产量产值有所攀升，湖南动漫产业除了有宏梦、蓝猫、山猫、金鹰卡通等在全国有影响力的重点动漫企业外，近几年来，九天星、锦绣神州、华视坐标、善禧、艺工场、可米等新生力量逆势崛起。在中国文化艺术政府奖第二届动漫奖评选中，湖南作为全国少数获奖省份之一，以1个项目获奖、7个项目入围的成绩，在全国动漫业界继续保持优势地位。湖南广播电视台金鹰卡通频道也获得"最佳动漫传播机构奖"。湖南游戏企业除了拓维、联盛、上游、中清龙图等老牌企业外，近两年来，天磊、草花互动、趣动、奇葩等新秀企业上升速度比较快。老企业游戏开发速度大幅提升，游戏推广运营能力、竞争力加强，在国内、国际市场的占有率均为多倍增长。新企业创意新、技术强，在本土原创动漫游戏题材的挖掘、动漫游戏衍生产品的开发、网页及手机游戏研发及运营方面取得了骄人成绩，在游戏开发、代理等方面产值提升很快。

四是产业集群渐趋规模"游戏湘军"打通产业链上下游企业，通过手机游戏产业化、规模化发展，形成游戏产业集群，带动湖南数字文化产业高质量发展，形成数字文化娱乐产业集群。蓝猫动漫进行全产业布局，从大电影制作等精品内容的开发，到蓝猫线上产业园，以及上下游的产业链的全面贯通。山海经动漫影视总部基地于2020年6月动工，届时将联合引进省内外动画企业入驻总部基地。创梦乐谷（长沙）动漫游戏产业园于6月开工，将打造"动漫+游戏+影视"主题乐园，建立IP内容生产公司，开发ARVR相关游戏等。动漫主题小镇——浔龙河嘉兆国际童话小镇落户长沙县果园镇田汉艺术小镇。草花互动建设数字文化创新创业基地，培育和孵化超过50家上下游企业，力争5年内实现产值50亿元。北辰文化创意产业园动漫游戏聚集区共聚集了270多家动漫游戏及相关企业，9月北辰文创园新侨创客同心基地授牌。

五是"走出去"步伐加快，品牌效应不断彰显湖南积极推动企业建立差异化竞争战略和"走出去"战略，积极开拓国际市场，品牌国际知名度的攀升，对外文化贸易出口取得较大成绩。山猫公司将中国特色的优秀文化元素注入原创动画节目中，制作了108集1350分钟"山猫吉咪"品牌系列动画节目，通过美国洛杉矶英文频道、纽约中文频道等海外国家和地区播映，将原创系列动画节目与衍生产品出口到美国、俄罗斯、德国等70多个国家和地区，累计出口超5000万美元，被文化部等五部委认定为"国家文化企业出口重点企业"。湖南锦绣神州文化传媒公司的原创动漫《奇游迹》先后在国内近 200 家电视台和视频网站播出。拓维信息《啪啪三国》自 2015 年 2 月在港澳台和韩国市场上线后,得到海外消费者的认可,在港澳台地区和韩国地区的畅销榜排名保持前列。宏梦公司原创节目输出到美国、德国、西班牙、新加坡、中东以及中国港澳台在内的 35 个国家和地区。中国湖南欣之凯信息技术有限公司、中国腾讯游戏与日本 Area 株式会社等多家国内外顶尖动漫公司建立战略伙伴关系,在手机动漫内容发行、虚拟形象设计开发等方面展开深度合作。目前,中国天闻动漫、中国拓维信息分别在日本、韩国设立了分公司。①

(四) 文娱演艺业:从殿堂之上走近平民百姓

以长沙歌厅酒吧为龙头的湖南文化娱乐业也是湖南文化产业的一个重要板块,为湖南文化创意产业发展提供了有益的启迪、灵活的机制、后备的人才和外向发展的渠道。《瞭望东方周刊》评选长沙为全国"最具娱乐幸福感城市",最重要的理由是长沙拥有丰富多彩、群众喜闻乐见的演艺娱乐产业。

湖南文化娱乐业及其发展同样有以下三大特点。

一是以夜间消费环境为依托。长沙歌厅,常演不衰;长沙酒吧,如日中天,形成了规模、制造了品牌、构建了模式、产生了效益,双双成为全国瞩目的文化现象。湖南有最好的文化消费群体、消费方式和消费习惯。在长沙歌厅,一半以上是本地人士在消费。因为有良好的消费环境,演艺娱乐也在湖南特别是长沙实现了差异化竞争和发展。如田汉大剧院的大制作、大手笔,欧阳胖胖的原汁原味、土洋结合,苏荷酒吧靠音乐取胜等,具有相当的知名度。

二是以省会长沙为龙头,种类全、规模大,经营火爆。湖南地区有文化娱乐市场经营活动的单位,包括夜总会、茶座、歌厅、酒吧、舞厅、娱乐城、卡拉 OK、电子游戏厅等,涵盖娱乐、游艺、艺术团体、文化经纪、营业性演出、歌手、乐手、主持、相声、小品、时装模特、杂技、魔术、气功表演、健美表演等诸多内容。长沙歌厅从 20 世纪 80 年代末开始兴起,由于形式独特,赢得了市场的青睐,火爆时超过 100 家。经过一

---

① 本段为笔者论文《转型升级:湖南动漫产业发展探析》部分节选。

个时期的市场竞争，长沙歌厅开始整合各种资源，现在具备一定实力的还有10多家。它们大多具有相当的规模，最大的一家2006年就拥有超过2000个座位，一年演出362天（除正月初一至初三），全年平均上座率达90%以上。长沙歌厅的兴起，改变了整个文娱文艺行业的传统演出格局、盘活了部分国有剧场、搞活了演出市场，同时吸引了大批省内外的知名主持人和艺术家，也给定位娱乐的湖南电视提供了丰富的文化土壤，受到了群众热情欢迎。

三是形成了良好的市场运作模式和关联产业链条。当前中国演出业进入"创意时代"，最核心的表现是注重商业化包装和市场化运作，这是与以前众多大型节目叫好而不叫座的本质区别。湖南大型旅游节目也初试莺啼。张家界在景区投资1400万元的《魅力湘西》，《天门狐仙·新刘海砍樵》取得社会效益、经济效益双效合一。湘西州的《神秘湘西》进入实质性操作，怀化、张家界、凤凰等地也跃跃欲试。湖南文娱资源丰富，有世界非物质文化遗产湘昆剧团，有湘剧、京剧、话剧、花鼓戏、杂技、皮影木偶、歌舞等七大省直专业剧团，有以红太阳为龙头的长沙歌厅、长沙演出酒吧等全国知名的民间演出系统，有长沙创意的映山红民间戏剧节，有广电发起的"十九和弦"与"公共大戏台"，有电视娱乐助阵的新人新品，在市场中，上下衔接，左右贯通。在湖南卫视带动的电视娱乐文化、湘菜为特色的地方餐饮文化，健康足疗为补充的休闲文化，消费为配套的酒吧文化共同渗透和影响下，湖南文娱业形成规模效应、互动共赢的局面。

三 湖南文化产业发展的经验启示

湖南文化产业发展起步较早。20世纪80年代末，省委省政府就作出了"发展文化经济，建设文化大省"的战略决策。步入新世纪以后，湖南文化产业发展进入了新的阶段，以2006年全省文化体制改革大会为标志，全面开启改革新征程，至今已历时16年。16年来，湖南按照中央确定的时间表、路线图和任务书，全面、如期完成了阶段性改革任务，步稳而蹄疾、务实而有效。通过改革，推动文化产业转型提质，文化产业增加值比重提升，"文化湘军"实力在全国领先，文化生产力和创造活力得以释放，文化产业迎来了十五年发展黄金期，湖南文化产业连续多年进入全国十强。如今湖南文化产业的发展站在新一轮改革发展的起跑线上，面对经济发展的新常态和国家实施"一带一路"建设以及湖南"一带一部"的新定位，必将面临诸多新的机遇与挑战。

第一，向市场要竞争力。湖南文化产业之所以能够在经济社会发展相对滞后的大背景下走出一条"阳光大道"，其中有一条非常重要的经验就是重视市场力量，通过建立健全现代文化市场体系，充分发挥市场在文化资源配置中的积极作用，以激发全省文化创造活力。在建立市场方面，着力建立健全文化产权市场。经过10多年的探索，目前已拥有湖南文化艺术品产权交易所、联合利国文交所等多家文化产权交易平台。2015年由湖南日报报业集团控股的联合利国文化产权交易所正式开通文化企业股权挂牌交易市场，首批27家文化企业成功挂牌上市。省政府先后出台《湖南知识产权战略实施纲要》《关于进一步加强知识产权保护工作的通知》等系列政策法规，把培育创新意识和知识产权保护作为文化强省、创新型湖南建设的重要任务。在巩固市场方面，着力加强文化产业园区（基地）建设。湖南省委省政府十分重视文化产业园区（基地）建设，将其作为培育壮大文化市场主体，鼓励文化企业做大做实做强的重要平台和载体。省文化改革发展领导小组通过出台《湖南省文化产业示范基地和园区管理办法》等政策文件，引导和促进湖南省文化产业持续健康快速发展，增强湖南省文化产业综合实力和核心竞争力。截至2019年，湖南省共有集聚类文化产业园区58个，其中，国家级园区2个，省级园区15个，市级园区41个，获得"国家文化产业示范基地"称号的文化企业11家，产业集聚示范和辐射的带动作用不断增强，规模化、集约化、专业化发展水平稳步提升。在开拓市场方面，着力激活文化消费与加快文化"走出去"的步伐。湖南省委省政府先后出台了《关于进一步扩大消费需求的指导意见》《关于推进消费扩大和升级的意见》等重要政策文件，着力培育民众文化消费意识，提升民众文体消费热情。通过借助深圳文博会、沪洽周、港洽周等大型文化经贸平台，组织湖南省文化企业宣传推介湖湘艺术精品，并先后在港澳台、曼谷、巴黎、纽约等地积极开展"湖南文化走进世界"活动，大力推动湘瓷、湘绣、湘书、湘茶、湘影等文化产品走向海外，不断拓展"湘字号"文化产品的国际市场份额。截至目前，共有17家湖南文化企业入选2015—2016年度国家文化出口重点企业。其中：湖南卫视入选亚洲电视品牌 10 强；中南出版传媒集团股份有限公司积极实施"走出去"发展战略，公司的版权和成品书输出总量不断上升，文化出口涉及的国家从东亚、东南亚地区向欧美辐射，国际化运营水平不断提高；天舟文化股份有限公司与美国、日本等 9 个国家和有关机构的多方位合作，加快了外文图书、动漫游戏、教育产业的国际化进程。

第二，向品牌要影响力。湖南着力打造自己的文化品牌，充分展现出文化产业的"魅力"和"品位"，品牌影响力让湖南赢得"文化强省"的美誉，成为全国文化产业发展的"种子选手"。文化品牌建设成就斐然。中南传媒入 2021 年全球出版五十强榜单位列二十，出版集团总体经济规模排名全国第四。湖南广电在"中国 500 最具价值品牌"中排名第六十七，稳居省级广电第一；在"亚洲品牌 500 强"中排名第九十二，位列亚洲广播电视行业第二。湖南日报社（集团公司）走在全国省级党报前列，在全国党报集团位居前列；省级党报自建客户端下载量新湖南排名第六，党报各渠道传播力 TOP20 湖南日报排名第十七；印务分公司荣获《人民日报》优秀承印单位（全国仅 3 家）。体坛周报被评为 2021 年中国邮政发行百强报刊，微信号和微博号的粉丝在体育报刊类均排名第一。演艺集团打造了"湖南新春音乐会"等一系列颇具影响力和标志性的文化品牌。在国内形成可推广和复制的模式。品牌影响力孕育出一批在全国"叫得响"的文化产业领军人才，让湖南的文化产业不仅有业绩、出效益、创产值，还能育人才、出经验、创智慧；不仅可以向全国输出产品和服务，还能输出人才、模式和标准，在全国振兴文化产业大格局中具有一定的示范性，对于"创新型湖南"建设形成了催生和驱动效应。

第三，向多元要新活力。湖南积极调整文化产业所有制结构，鼓励多种社会力量办文化，呈现出国有、集体、民营企业相互促进、平等竞争、共同发展繁荣的崭新格局。非公文化经济发展成为各方关注的焦点，也成为促进文化产业发展的一个重要突破口。鼓励和支持非公有制文化企业发展。湖南省委省政府先后印发《关于深化文化体制改革、加快文化事业和文化产业发展的若干意见》《湖南省文化产业振兴实施规划（2010—2012 年)》《湖南省人民政府关于加快文化创意产业发展的意见》

《关于进一步支持经营性文化事业单位转企改制和文化企业发展的若干政策》等政策文件,鼓励民间资本进入文化产业领域,这使得全省民营文化企业在文化领域中的比重逐年攀升,拓维信息成为"中国动漫第一股",天舟文化成为"中国民营书业第一股",邵东永吉红包占领全国70%以上市场等。搭建文化众创平台与文化众创空间。湖南省政府办公厅印发《湖南省发展众创空间推进大众创新创业实施方案》,提出对接中央和省委省政府"互联网+"行动计划,鼓励"大众创业、万众创新",打造一批优秀的创意创客平台。湖南省科技厅启动众创空间建设试点,全省创新创业服务平台因为基础较好而获得了首批支持,率先在文化传媒、互联网应用、工业设计、智能控制等领域构建在全国有影响力的示范基地,形成对全省构建众创空间的示范带动效应。长沙市成功入选国家小微企业创业创新基地示范城市,建立了长沙市图书馆创客空间、朝阳电子科技街等闻名全国的文化创客空间。

第四,向融合要驱动力。近年来,湖南省在着力推进文化产业与相关产业深度融合发展上,取得了显著成效,推动了相关产业结构调整与转型升级。推动文化与旅游产业融合发展。近年来,按照省委省政府的统一部署,湖南省委宣传部以文化旅游特色产业为抓手,深入挖掘湖湘文化资源,大力推进文化与旅游深度融合,取得良好效果。省委宣传部先后与省旅游局、省发改委共同制定出台了《湖南省红色旅游发展专项规划(2006—2015)》《大湘西生态文化旅游圈旅游发展规划(2011—2020年)》《大湘西文化旅游融合发展融资规划》《大湘西地区文化生态旅游融合发展精品线路建设总体工作方案》《大湘西文化旅游产业融合发展推进会》等系列文化旅游专项规划的顶层设计和会议。在过去十多年间,全省重点扶持了洪江古商城等大湘西文化旅游产业项目,打造了《天门狐仙·新刘海砍樵》《张家界·魅力湘西》等旅游演艺精品节目,凤凰县、新宁县、炎陵县等县入选全省文化旅游产业特色县,重点开发性保护老司城、里耶古城等一批文化旅游资源,其中老司城遗址成功入选世界文化遗产名录,实现湖南省世界文化遗产零的突破,大湘西文化旅游已成为湖南文化产业发展新的增长极。目前,省委宣传部会同省发改委、省旅游局共同规划建设12条文化旅游精品线路,推出两批共28个湖湘风情文化旅游小镇。湘潭被批准为全国红色旅游融合发展示范区和全国红色旅游国际合作创建区。这一系列举措,为湖南文化旅游产业融合发展奠定了坚实的基础。成功创建矮寨、十八洞、德夯大峡谷等5A级旅游景区及新一批特色文旅小镇,长沙"网红城市""夜经济影响力城市"品牌影响力不断提升。推动文化与科技融合发展。湖南省委省政府先后出台了《湖南省战略性新兴产业文化创意产业发展专项规划》《创新型湖南建设实施纲要》,把文化创意产业列入七大战略性新兴产业,积极推进文化科技融合发展的载体建设,健全文化与科技融合发展的服务体系,出台《关于进一步支持马栏山视频文创产业园发展若干政策》,这些举措有力地促进了文化与科技创新的联谊联姻。湖南专门召开了文化与科技融合发展第一次联席会议,研究公布了第一批文化与科技融合发展重点扶持单位名单,涌现出天闻数媒、中广天择、华声在线、芒果传媒、青苹果数据、华凯创意、明和光电等一批在全国"叫得响"的文化科技企业和快速增长的新兴文化业态,一批重大技术研发取得突破,为文化产业发展提供了强有力的技术支撑,进一步提高了文化产品的吸引力、表现力和感染力。与此同时,湖南出台《关于推动传统媒体和新兴媒体融合发展的实施方案》,支持华声在线"新湖南"客户端、红网"时刻"新闻客户端、芒果TV等新媒体平台做大做强,推动建设成为在全国有重要影响的新型主流媒体集团。"新湖南"客户端上线一年多下载量突破1400万次,居全国党报新闻客户端第一方阵;芒果TV互联网电视和手机客户端点播量上升至10亿级,其中"芒果TV"全终端独立访问量日均超过4300万次,是排名前五位中唯一的国有控股新媒体平台;红网PC端、"时刻"新闻客户端被国信办列入全国五家重点客户端,其手机报、微博微信集群等总用户数不断攀升。

四 湖南文化产业发展的瓶颈制约

第一,行业发展不平衡。各行业发展基础不一,发展速度存在较大差别。湖南文化相关领域比重偏高,文化核心领域比重偏低,内部行业结构单一,传统产业占比过高。以2019年为例,2019年规模以上文化产业营业收入中,分领域看,湖南文化核心领域占比为38.60%,全国为58.30%,湖南比全国平均水平低19.70个百分点。文化核心领域是文化产业发展的核心竞争力,占比偏低,直接反映出湖南文化产业内部行业结构不合理。分产业类型看,湖南规模以上文化制造业占比超过六成,达到63.90%,规模以上文化批发和零售业为11.30%,规模以上文化服务业为24.80%,而全国平均水平分别为42.40%、17.0%和40.60%。湖南规模以上文化制造业占比远远高出全国平均水平21.50个百分点,规模以上文化批发和零售业、规模以上文化服务业则比全国平均水平分别低5.70和15.80个百分点。进一步观察湖南规模以上文化制造业内部行业,行业集中性过强特点明显。在56个行业小类中,2019年实现营业收入居前三位,且营业收入占比两位数的行业均为文化相关领域行业,且均属于传统产业,分别是焰火、鞭炮产品制造、包装装潢及其他印刷和文化用机制纸及纸板制造;这三大行业占比合计达63.40%。其中,焰火、鞭炮产品制造"一业独大",2019年该行业实现营业收入占规模以上文化制造业接近四成,达到37.60%。从文化及相关产业细分行业看,文化新业态特征较为明显的16个行业小类规模以上企业实现营业收入占比仅为6.30%,远低于22.90%的全国平均水平。

基于先发优势和多年来的不断创新,湖南省广播电视业、新闻出版业发展较快。但相对来说,体育、演艺、湘绣、湘瓷等行业优势不甚明显。2021年,湖南广电、湖南出版分别实现营业总收入231.20亿元、118.64亿元,但省体育产业集团和省演艺集团同期营业总收入仅有21.63亿元、2.16亿元。在近年来国家大力推动体育产业发展的大环境下,2019年体育产业总产出1066.89亿元,增加值443.03亿元,从业人数超过30万人,体育产业增加值占湖南同期GDP比重仅为1.11%。文化艺术品的生产交易方面,缺乏专业、规范的管理,一度出现市场乱象,多家文化交易场所关闭,行业内运营较好的省文物总店,2017年销售收入仅1423万元。

第二,产业转型不及时。传统优势行业转型升级较慢,各区域都不得不承担由此带来的压力。《湖南日报》报业集团旗下都市类报纸如《大众卫生报》《三湘都市报》广告收入同比下降32.10%和38.60%。湖南卫视广告收入2019年下降了40%。湖南出版投资控股集团2019年利润同比下降16.90%。工艺美术、文化制造业等传统文化产业仍呈现粗放低端式发展,湘绣湘瓷消费市场萎缩、人才短缺,整体销量滞涨,印刷复制业整体产能过剩,利润逐年下降。应该说,全省各个区域都面临着较重的转型升级任务，但其中文化制造业占比较重的大湘南地区转型更为迫切。

第三，龙头企业培育不力。从产业发展增加值来看，各区域都在重点领域实现了较快增长，但是，长株潭地区以外，能够在本行业内形成较大影响的龙头企业为数不多。2019年，全省规模以上文化产业企业3633家，户均营业收入9224.45万元。在全国31个地区中，从规模以上文化产业企业单位数占全部法人单位数看，湖南为5.90%，居全国第1位。但从规模以上文化产业企业户均营业收入看，湖南为9112.71万元，居第19位，仅相当于全国平均水平的56.90%。进一步从产业类型看，文化制造业户均营业收入15272.45万元，居第16位；文化批零业7299.46万元，居第21位；文化服务业户均营业收入4746.47万元，居第19位；分别仅相当于全国平均水平的76.70%、37.40%和38.90%，与先进地区相比，差距更大。一般来说，龙头企业作为创新资源组织的核心载体，是新兴产业培育的关键，是产业实现可持续发展的重要支撑。一个地区规模以上企业尤其是龙头企业的缺乏，不仅事关企业个体，更是关系到整个产业的发展。龙头企业的缺乏，导致产业研发实力和先进技术的储备不足，对人才资源的吸引力不够，难以形成强有力的品牌效应，严重影响产业的成长发展和在更大市场中的竞争。

第四，文化创新能力不强。受资本环境、政策、人才等诸多方面的影响，近年来在与兄弟省份的比较中，湖南省的创新优势逐渐削弱。表现在产业形态上，新兴业态如互联网、文化创意类行业成长缓慢，全省文化产业中，依然是以文化制造业为主，占比达67.60%，大幅高出全国平均水平（38.60%）。另外表现在文化产品供给上，高质量文化产品生产不够，既缺乏广泛认同的精品力作和拳头产品，也缺乏质优价廉的大众文化产品，整体上原创力不足，内容单调。北京大学文化产业研究院发布的2018中国城市文化创意指数排行榜中，长沙市排至第18位，成都、西安、武汉、郑州等中西部城市均排在长沙之前，湖南省其他城市未入选。

第五，文化人才供给不足。在编剧、导演、作曲、指挥、舞美等专业都存在较为严重的青黄不接的问题，以文化系统专业技术人员为例，文化艺术类高级职称人才不断减少。尤其是省内缺乏在全国有重大影响的文化领军人才群体，如数量众多的"移动互联网湘军"大多在外成长、发展，留湘发展的少。人才培养机制尚不健全，产学研结合不紧密，缺乏知名度高、影响力大的专业文化艺术院校，省内高校在文化类专业设置上，多是与传统的新闻传播、文学相关，涉及文化产业、文化创意的专业稀缺。

第二节 湖南文化产业竞争力的战略方向与重点

一 深化文化体制改革，转变政府职能

改革是发展的动力，是通过变革生产关系中不适应生产力的方面来解放生产力、发展生产力。提高湖南文化产业竞争力，必须深化文化体制改革，转变政府职能，促进产业发展。

（一）以明确责权为基础，加大管理力度

按照管人管事管资产的要求，政府部门要牢牢把握重大事项审批权、重大资产的变动权，努力在加强和改善宏观管理上取得新的进展。按照建设法治政府和服务型政府的要求，实现由办文化向管文化转变，破除仍然存在的政企不分、政事不分、管办不分的体制性障碍，同时政府部门应当探索对国有文化企业干部任免、考核绩效、薪酬审定等问题。如重新组建湖南广播影视集团党委，对湖南广播影视集团和潇湘电影集团、湖南广电网络控股集团实行统一领导。湖南广播电视台和湖南广播影视集团的管理模式为"一个党委、两个机构、一体化运行"。进一步优化湖南文化企业布局结构，促进资源要素向骨干文化企业集聚，实现规模化、集团化发展。

（二）以出台政策为抓手，加快体制改革

一是加大文化立法的工作力度，加强文化改革发展的政策法规体系建设，从法律层面保障文化大发展大繁荣；二是落实国家支持思想文化建设的各项政策，用好、用足、用活国家已经出台的文化经济政策；三是尽快出台支持经营性文化事业单位改革发展的政策文件，从财政投入、融资、税收、国土、社保、工商等方面提供保障，落实改革目标；四是进一步建立完善国有文化资产监管体制，出台具体政策加强对省国有文

化企业资产的监管；五是支持各地根据实际制定文化改革发展的更加优惠的政策，以政策的推动破解文化产业企业"散小弱差"现状，尽快清理限制并购重组的制度障碍。

(三) 以机制创新为突破，破解发展难题

首先，以机制的创新来破解"动力""人才"的不足。切实制定文化人才的政策和机制，促进文化人才的合理流动，妥善解决文化企业跨界中资产债务处置、职工安置等问题，依法维护债权人、债务人及企业职工等利益主体的合法权益，使改革发展获得坚实的人才保障。其次，加强知识产权的立法和执法保护，特别是跨行政、跨区域、跨部门加大对侵权盗版市场的打击力度，改变当前文化产业以行政区划为界的区域性资源分割和以行政职能为界的部门性资源分割的基本格局。

(四) 以提升水平为目标，改进管理方式

一是创新管理方式。运用现代管理理念和工具，综合运用多种手段，大胆创新，虚心学习经济领域行业管理的先进手段，注意利用统计等手段，台账管理，定性分析。二是优化管理队伍。就是要造就合格的管理者队伍。一方面加大培训力度，帮助现有人员提质转型；另一方面加大稀缺人才引进力度，优化人才结构。三是采取任务倒逼机制。确定"路线图""时间表""任务书"，进一步明确和细化任务和措施，调整时间安排和工作进度，一项一项地分解改革任务，以目标倒逼进度，以时间倒逼程序，确保各项改革重点任务按时完成。四是要健全改革督查制度。即根据各州的改革工作进度，分别发督办函，严格督查各地文化行政管理体制和文化市场综合执法改革、电影公司和影剧院改革、国有文艺院团改革、非时政类报刊改革等的进展情况，并在主要媒体公布和发送至各市州主要领导；同时加大考核力度，将文化体制改革重点任务纳入全省宣传系统"四创四争"考核的评价体系，实行一票否决，此外对任务完成较差的单位进行诫勉谈话，由省委领导约谈改革进度滞后的市州党政主要领导，分析原因，解决问题，推进改革。

二 培育壮大文化市场主体

文化企业是发展文化产业的承载体，是发展文化事业的推进者，是实施文化强省战略的主力军。在市场经济条件下，没有合格的文化企业作为真正的市场主体，一切都无从谈起。因此，可从以下几个方面发力。

（一）加快转企改制，建立现代企业制度

要在广电、出版、报业、动漫、文艺等领域，培育一批市场主体，形成一批有实力有特色的文化集团公司。在原有8家省管国有文化企业整合为5家的基础上，进一步增强广播影视、出版等龙头企业的创新发展能力，加快转型升级步伐，打造主业突出、核心竞争力强、支撑带动作用明显的国有文化企业集团。推进湖南日报报业集团高质量发展、湖南省演艺集团提质发展、湖南体育产业集团转型升级。引导民营文化企业提升规模化、集约化、品牌化经营水平。培育和发展一批"专、精、特、新、优"的小微文化企业和一批上市后备文化企业。

（二）拓宽融资渠道，推进企业跨越发展

一方面要通过参股、并购、招商，吸引更多社会资本加入文化产业的大合唱。首先摸清家底，建立骨干文化企业名录，在此基础上，提供优良服务，编制好文化创意产业投资手册，满足投资者——企业、基金、银行的需要，及时召开文化创意产业投资说明会，并针对重大投资项目提供专题服务，促进文化企业与社会资本的对接。另一方面，培育文化产业战略投资者，支持有条件的文化企业上市融资。目前湖南省已有电广传媒、拓维信息、中南传媒、华凯创意、芒果超媒等多家企业上市。湖南文化企业应加快改制步伐，推动资源整合，加快上市步伐。

（三）提升科技水平，大力拓展新兴业态

随着互联网、多媒体、5G、大数据、人工智能等新技术的广泛应用，从内容生产、传播到消费，整个产业链将呈现出生产效率更高、文化消费重体验、相关产业交互融合的趋势。新技术不仅改变着文化产业的业态和模式，也不断优化着文化产业的产品链和价值链。尤其是数字文化产业实现跨地区、跨行业、跨领域的文化消费提供了现实和技术可能。数字文化经济通过线上线下双向消费，文化产业整体实力、竞争力明显增强，线上线下两条市场产业链的"在时"和"在场"，为数字文化产业培育并形成了一批新的增长点。一方面，要大力支持文化企业自主创新和技术进步，特别是支持"跨界"文化企业技术改造和产品结构调整，优先安排技术改造资金和项目优先立项；另一方面，要顺应信息技术变革和拓展文化产业生产方式的新趋势，在新型业态培育上抢占先机。

（四）构筑要素市场，优化产业发展环境

立足于发挥市场对文化资源配置的基础性作用，加快构建统一开放、高效规范、竞争有序的文化市场。一方面，加强文化产业服务平台建设，支持文化企业孵化器、众创空间、互联网创业和交易平台等创新创业载体建设，通过培养各类文化产品和要素市场，促进金融资本、社会资本和文化资源的对接；另一方面，建立现代文化产业流通体制，大力提升文艺演出院线、电影院线、文化电子商务发展水平；此外，以建立健全市场中介机构和行业组织为手段，推动文化产业跨界的专业化、规范化发展。积极争取设立文化产权交易所，建成立足湖南、面向中部、服务全国的高层次、综合性、专业化的文化产业中介服务机构。

三 拓展文化消费市场

文化消费与文化生产紧密相连，反过来又促进文化生产。通过引导文化消费投入，完善文化消费场所，培养新兴文化消费市场，建立多元文化消费模式，进一步拓展文化消费市场，增强文化消费的拉动能力。

（一）提高居民消费层次，提升文化消费水平

一是调节居民收入积累与消费、即时与长远消费、日常与理财消费、物质与精神文化消费之间的比例关系，引导人民逐步改变多储蓄、少消费的生活习惯，在提高总的消费比率的基础上着重提高精神文化消费的比重；二是调节文化消费的结构，减少表层的、肤浅的、泛娱乐化的文化消费，增加高品质、有内涵、健康向上的文化精神消费；三是生产更多更好的文化产品，提供更多更好的文化服务，通过推出大量适销对路的文化产品和服务刺激居民消费，从而整体提高文化消费水平。

（二）挖掘文化消费需求，开拓消费市场空间

市场空间决定了产业发展的规模。一是拓展乡村文化市场空间，在充分发挥城市中心市场的主导与辐射作用的基础上，结合乡村振兴战略，开拓农村新兴文化市场，引导文化企业关注农村文化市场，生产适合农村文化市场的产品，建立健全农村文化服务网点；二是积极参与国际文化市场竞争，加强同国外知名文化企业的合作，把文化交流与文化贸易结合起来，把政府推动与企业市场化运作结合起来，大力推动湖湘文化产品和服务"走出去"，开拓国际市场，争取广阔空间。

(三) 加速推进产业融合，实现产业互利共赢

顺应数字产业化和产业数字化发展趋势，加快发展新型文化业态，改造提升传统文化业态。积极推进文化与科技的融合，充分运用信息技术，探索建立传输快捷、覆盖广泛的文化传播体系，积极拓展应用场景，让新技术、新玩法、新体验更好地走入公众生活，丰富文化内容表现方式和载体，此外，还要紧紧抓住新型工业化的机遇，以文化创意改进工业设计理念，提高品牌价值，增加产品附加值，特别是积极推进文化与旅游、体育等关联度高的产业融合，以文化内容提升旅游和体育休闲业的内涵和质量，通过举办文化旅游节和大型群众性体育休闲活动等，实现文化与旅游、文化与体育相互促进、互利双赢。

(四) 研究居民需求偏好，提高产品吸引能力

文化市场需要培育，文化消费需要引导。引导文化消费的关键是要加强对文化消费目标人群的消费需求和消费偏好的研究。尽管每个人的个人偏好差异很大，"萝卜白菜，各有所爱"，甚至互相矛盾，然而人们的喜好总是与自己的年龄、性别、受教育程度、经济情况等要素密切相关的，经过研究常常可以归纳出不少具有共同规律的方面。文化的社会属性在文化产品的消费中表现为文化精神观念对人的持久影响，并具有外部性和连续性的特点。大到文化产业发展路径选择方面，小到具体的文化产品和服务的提供上，都要注意培育目标消费群体，通过科学的定位、精准的营销激发广大消费者的消费欲望和购买潜力，并针对本地市场和外部市场分别开发，不断创造出新的顾客价值。

四 培育文化产业的核心竞争力

(一) 调整结构：把文化资源优势转化为文化产业胜势

一是调整产品结构，加速文化与科技融合。文化与科技的深度融合，不仅带来文化领域的新变化，更为社会经济注入新动能；不仅带来观念的碰撞和激荡，更为改革发展提供了新的方案和路径。湖南文化产业发展虽然处在全国前列，但湖南文化科技融合发展层次还较低，缺少大的文化科技品牌引领，更缺少宽的文化科技覆盖。因此，应从战略层面积极促进文化与科技的融合，提升文化产品的科技含量和附加值，引导和培育一批具有自主创新能力的文化企业，通过科技创新和知识产权的保

护充分发挥湖南省文化资源的优势，提高文化产业核心竞争力。

二是优化产业结构，促进文化创意与相关产业融合。产业结构演进是分工深化的结果。首先促进文化理念渗透传统产业的设计、生产、营销、品牌和经营管理等环节，从而改变传统产业的价值创造链条，使传统产业文化提供的产品更加富有文化含量、文化品位。其次通过拉动旅游等相关产业的发展，促进文化产业结构调整。如大湘西地区的发展探索出一条文化旅游产业发展带动扶贫开发之路。湘西土家族苗族自治州旅游资源品位高，种类丰富，拥有各类"国字号"生态文化旅游品牌132个，发展旅游业有着得天独厚的优势。大力推进旅游重点项目建设，大力发展生态旅游、低碳旅游、绿色旅游，初步形成了一条以旅游观光、现代农业、休闲度假、文化产业为特点的旅游扶贫产业链。2020年全州接待国内外游客5490万人次，实现旅游收入460亿元，分别恢复到上年的87.45%、95.98%，接待人次和旅游收入恢复情况超过全省平均水平和周边地区。

三是调整区域布局结构，加快文化产业集群式发展。对于湖南文化产业而言，要上新规模、新台阶，必须走产业集群发展的路子。首先做强优势企业，发展文化产业集群。新闻出版、广播电视、文化娱乐和动漫要进一步扩大规模，延伸产业链，着力推动它们向产业集群发展。其次抓好中小企业推进文化产业集群。中、小文化企业要走"小商品、大市场"和"小企业、大集群"的路子，聚集、捆绑为大市场、大集群，形成集聚发展效应。第三建设产业园区促进文化产业集群。以国家级文化产业园区为龙头、省市级文化产业示范园区为支撑，统筹推进全省各类文化产业园区（基地）高质量发展，选择一批带动性强、竞争力强的重点文化产业项目入园，走规模化、集约化与专业化并举的路子，以增强文化产业的聚集效应。

（二）强健引擎：由市场主体实施重大项目带动

一是培育骨干文化企业。建立现代企业制度与公司治理结构，进一步加强参与市场竞争的主动意识，增强内生动力和发展活力。着力提升在内容创意、产品创新、科技驱动和品牌塑造方面的竞争力和影响力，掌握关键技术和自主品牌，进一步推动战略转型和模式创新。进一步加强跨地区、跨区域的行业合作，充分发挥骨干型文化企业的规模效应，参与国际化竞争。

二是发展重点文化产业项目。近年来,湖南省大力加强对文化产业重大项目的扶持和推介。2010年11月,湖南文化旅游产业投资基金成立,规模达30亿元;省文化厅通过文化部"文化产业投融资公共服务平台"促成文化项目融资。2018年,为建设文化强省、促进文化大发展大繁荣的战略目标,湖南省财政预算文化产业发展引导资金甚至达到了1.80亿元,有效地保证了文化产业的产出。随着"文化+科技""文化+金融""文化+旅游"等产业发展新模式的形成,在文化创意、数字出版、移动多媒体、动漫游戏、主题公园等新型文化业态上均会涌现出大量的机遇。一方面,作为市场主体的文化企业要善于捕捉市场需求,把握产业发展新动向,开拓创新,做好文化产业的排头兵;另一方面,政府要为企业发展不断创造公平、开放、激励的环境,从政策上、法律上、财政上对重大项目给予扶持和奖励,在全社会创造一个尊重知识、鼓励创新的良好氛围,以重大项目带动产业提升和区域的整体发展。

三是打造文化产业龙头。"广电湘军""出版湘军"等品牌越发闪亮,"演艺湘军"声名日盛,省管国有文化企业是湖南省文化企业发展的"主力军"。近年来,湖南省坚持谋划在前,导向在先,持续加大政策资金扶持力度,做大做强国有文化企业,把社会效益放在首位,确保两个效益相统一。全力支持省管国有文化企业发展。除政策支持外,湖南省着力为文化企业提供多渠道金融解决方案。省委宣传部等4部门制订出台《湖南省区域性股权市场设立文化产业专板工作方案》,充分发挥商业银行文创支行、担保机构担保基金及文旅基金作用,积极培育文化产业龙头企业和上市后备资源。2021年上半年,省管国有文化企业延续去年下半年以来的恢复性增长态势,主要经济指标持续向好,实现营业收入191.69亿元,同比增长28.74%。集团化企业以及上市公司应不断朝着全产业链方向发展,将"全产业链"作为主流发展模式选择,既在产业链上下游实现纵向一体化,又在与其他行业构成的不同产业链环节之间实现横向一体化,进而可以有效推动产业集聚,提升规模效益和整体实力。同时,依托文化产业龙头企业聚合文化优势资源,发挥带动和示范效应,更加有效地配置市场资源,走品牌化道路,参与国际化竞争,不断做大做强湖南省文化产业。

（三）路径选择：从规模扩张转向集群发展、集约经营

一是开发重点前沿科技和关键技术。按照产业集聚、功能区分、错位协同、均衡发展的总原则，重点建设四大集聚区，以长株潭为引领的文化与科技融合发展集聚区、建设以大湘西为依托的文化旅游融合发展集聚区、建设以大湘南为重点的文化装备制造出口加工集聚区、建设以环洞庭湖为支撑的生态休闲文化产业发展集聚区。不断推进文化和科技深度融合，继续发挥湖南"敢为天下先"的改革开放先行作用，以产业链促进创新链、以创新链支撑产业链，力争突破一批关键核心技术，形成创新突破点，重点开发先进科技与文创产业相融合的新型视听类、IP和信息类、智能制造类、新型会展类、娱乐旅游类、社会服务类六大门类。持续加大技术研发力度，集聚强有力的文化科技战略资源，推动文化产业运用现代科技手段，创新服务品牌，推出更具科技竞争力和市场吸引力的文化产品和服务，营造规模化发展、集约化经营、分工协同、可持续发展的文化创意产业新局面。

二是培育优势科技文化企业集群。要针对世界范围内文化创意产业向科技型、集约化、智慧型发展的趋势，培育良好的科技文化创新生态，强化企业创新主体地位，壮大科技文化领军企业和骨干企业的规模，鼓励和壮大国有、民营、外资、合资等多元化的产业主体。根据国际专家对香港、伦敦、纽约等的对标研究，世界城市的文化企业与文化社团及民办非企和文化类基金会大体上有一个合理的数量结构，一般为100：10：1，即企业占比100%，社团及民办非企占比10%，文化类基金会占比1%。照这一比例，湖南文化社团及民办非企可达4000多家，文化类基金会可达400家左右。要发挥湖南文化旅游产业投资基金等机构的作用，鼓励和集聚更多的民办非企和文化基金会，积极储备优质的文化投资项目，吸引各类社会资源汇聚，扩大科技文化成果的公益性服务和惠民效果，形成良性互动的科技文化创新生态结构，犹如一座热带雨林，包括了乔木和灌木、小草，才能让科技文化创新活动蓬勃成长。

三是构建科技文化新业态和新模式。充分发挥湖南科技文化创新体系及文化创意基地建设的作用，积极鼓励开发新一代超高清电视和电影、数字音乐、网络广播、互联网内容、智慧教育、家庭互联网、公共区域WiFi覆盖七个重点领域，形成以技术为驱动，以内容为引导，以企业为实体,以应用为目标的科技文化新业态。要鼓励开发科技文化领域的新商业模式,包括积极发展众创、众包、众扶、众筹四大模式,以众智促创新,大力发展众创空间和网络众创平台;以众包促变革,鼓励用众包等模式促进生产方式变革,聚合员工智慧和社会创意,开展设计研发、生产制造和运营维护;以众扶促创业,通过政府和公益机构支持、企业帮扶援助等多种方式,共助小微企业和创业者成长;以众筹促融资,发展实物、股权众筹和网络借贷,拓宽金融体系服务创业创新的新渠道新功能。

表 2.1　　　　　　湖南文化科技融合开发的新兴业态

主要门类		重点领域	建设内容
新兴业态主要门类	新型视听类	新一代影视	新一代超高清电影电视、移动电视、手机影视等
		数字音乐	数字音乐、音乐门户网站、网络下载音乐等
		网络广播	网络电台、UGC 和 PGC 内容服务
	IP 和信息类	互联网内容服务	互联网门户网站、短视频直播服务、微信公众号等
		智慧教育	网络教育、远程培训、数字图书馆、智慧校园等
		数字出版	网络文学、数字期刊、网上文艺社区、手机动漫等
		家庭互联网	智能家庭、多屏互动、远程医疗、精准推送。
	智能制造类	文化智能制造	3D 打印、个性化设计定制、基于大数据的创意研发等
		文化科技装备	数字影视装备、会展装备、舞台装备、印刷装备等
	会展广告类	新型展览	数字化展览、数字文化产权交易、数字化艺术品拍卖
		会议服务	数字会议服务、人工智能翻译、远程会议服务等
	娱乐旅游类	娱乐旅游	数字化演艺、数字化主题公园、AR 和 VR + 文娱产业化等
		休闲健康	远程健康服务、文化养老社交网络服务、电子竞技、数字化景观等
	社会服务类	搜索与物流	搜索引擎、电子商务、物流配送、大数据深度开发等
		文化金融	互联网文化众筹、文化众包、文化外包服务等
		创业孵化	虚拟商务区、数字众创空间、网络孵化平台等

四是拓展以影视出版为重点的文化创意基地。推动全省文化创意基地和园区的结构优化和升级发展。它包括三个层次:第一层次,以长沙

的环马栏山、环岳麓山、中心城区三大科技文创产业圈为基础，体现长株潭作为全省文化产业核心集聚区的引擎作用；第二层次，以湖南省的27个重点文化产业园（基地）为节点，形成集约型、规模化、专业化的科技文化产业基地和园区群体；第三层次，发展各个市州县的特色文化产业园，包括宁乡经济技术开发区文化创意产业园、醴陵·世界陶瓷艺术城（二期）、临武县文化创意产业园及傩戏传承基地等一批重点项目，形成纲举目张的基地和园区网络。

发挥文化湘军的优势，拓展以影视出版为重点的文化创意基地，遵循差异化、首位效应、优势禀赋和协同引领等原则，根据对泛马栏山区域基础现状的细致调研与相关资料的深度解读，采用全球视野，通观全国格局，发挥湖南特色，推动数字视频产业的供给侧结构性改革，在泛马栏山区域打造一个具有全球影响、国内领先、产城融合的"视频之都"，促进视频产业与高新科技全面融合，放大"广电湘军"在国内外的巨大品牌影响力，推动湖南经济社会创新、协调、绿色、开放、共享发展，营造视频产业高地和新型产业生态系统，实现优质视频产业要素全球集散、形成集群发展、全产业链发展和高附加值发展延伸、全时空营销的产业格局。扶持一批发轫于传统产业的文化企业，快速迎接与融合新技术，全员进入、全链介入、平台突进、开放合作，积极拥抱新技术带来的出版传媒数字化变革机遇，推动传统意义上的纸质出版向融合性的数字化出版服务转型。

五是普及科技文化的惠民服务网络。建成数字化、网络化、智能化的公共文化服务体系，结合全省公共文化体系提升工程、"十三五"市级三馆建设、全省村级综合文化服务中心建设等重点项目，完成覆盖主要城市和县域的下一代广播电视有线无线融合网建设，完成省市两级图书馆和主要博物馆的数字化建设，结合新型城镇化和特色小镇的建设，完成主要社区（乡镇）文化活动中心的数字化改造，提高广播电视户户通、国家文化信息资源共享、农村数字电影放映、农家书屋等国家重点工程的技术服务水平，在有条件的区县试点开展农家书屋数字化阅读服务。继续推进数字图书馆和博物馆建设，建设面向互联网和移动互联网的新型数字内容投送系统，扩大公共文化服务的影响力和覆盖面，推进农民工电子阅览室建设，搭建全省公共文化服务信息集成发布平台。

六是打造对外文化开放的新优势。湖南要服务国家"一带一路"战略,突出"东进"和"南下"的战略方向,加快融入长三角和珠三角两大发展增长极,进一步推动湖湘文化"走出去"。要不断拓展湖南对外文化贸易的目标市场,不但要经营美国、日本、欧盟等发达国家和地区市场,而且要大力开发东南亚等新兴经济体和发展中国家市场。突出"东进"战略,接轨长三角,推动双向流通。"东进"战略的方向,是依托长株潭城市群的核心区和环洞庭湖地区的文化创意产业功能区,加快建设马栏山文化创意集聚区、长沙天心文化产业园等园区建设。通过上海和长江三角洲的桥头堡作用,依托上海、浙江自贸区的先发优势,辐射美国、日本和欧盟市场,同时积极投资和并购发达国家的优质资产。突出"南下"战略,接轨大湾区,拓展新空间。"南下"战略的方向,是依托大湘南文化创意产业功能区等,大力开发银都文化创意产业园、土家特色科技园区、南岳汉韵文化城等园区,依托广东、福建自贸区和深圳特区等的先行先试作用,融入海上丝绸之路和中南铁路网,进入面向东南亚国家的海陆大通道。

第三节 提升湖南文化产业竞争力的政策建议

一 构建文化产业共商共建共享的区域发展机制

目前来看,虽然发展速度、程度不一,但湖南省文化产业分区域发展的格局已经基本形成,但区域内各市州发展差异还不明显。为优化区域文化产业结构,提升整体实力,应构建起共商共建共享的区域发展机制,有效集聚合力。

一是要形成区域特色。目前长株潭和大湘西地区在这方面已经做出了较好的示范。下一步,环洞庭湖地区要积极对接"长江经济带"发展战略,深刻认识在长三角"吴越文化"、川渝地区"巴蜀文化"之间,两湖地区"楚文化"的特质,深入挖掘、创新转化,发挥岳阳、益阳、常德等千年古城的文化优势,培植有文化内涵的生态休闲产业。大湘南地区在发展文化制造业的同时,要围绕中国(湖南)国际矿物宝石博览会展平台,进一步做好矿晶宝玉石加工、展销、交易、鉴赏等文化业态的规划布局。

二是要建立政策协调机制。2013年,长株潭三市达成《文化产业合作长沙共识》,对文化产业发展进行统筹规划,形成长株潭三市重点突出、特色明显的文化产业发展态势。根据该项共识,长沙主要发展广播影视、网络新媒体、动漫游戏等新兴文化产业,株洲主要发展炎帝文化、陶瓷文化、服装设计等产业,湘潭主要发展文化旅游、创意设计、工艺美术等产业。《长沙共识》为长株潭核心区的发展奠定了基础,其他区域可借鉴该做法,做好区域内部产业规划。

二 推动供给侧主体结构优化

加强文化主体培育,有效地激发文化产业主体的活力。

一是夯实国有文化企业的主体地位。深化广电、出版等国有企业改革重组,有效解决产能过剩和同质化竞争问题,培育和打造旗舰型文化企业。各市州要结合媒体融合改革,进一步理顺本地报社、电视台的关系,做到采编播与经营分开,激发报社、电视台发展活力。进一步深化国有文艺院团改革,结合文化旅游、艺术培训等产业,提高各地文艺院团走市场的能力,增强国有企业竞争力。

二是增强非公有制文化企业的支撑力量。坚持对民间资本的开放准入,依法依规引导多元化投资进入文化产业。加大招商引资力度,把文化产业纳入各地招商的重点,抓好项目培育、政策研究、产业布局等基础工作。优化制度环境,通过完善金融体系、加快公共服务体系建设、减轻企业负担、降低企业成本等方式,帮助企业解决"最后一公里"的问题,增强民营文化企业的获得感。

三是发挥示范园区、龙头企业的集聚引领作用。以知识产权为核心,以市场化发展为导向,以产业集聚为依托,发挥骨干文化企业的示范、窗口和辐射作用,加快马栏山视频文创园等文化产业示范园区建设。要以示范园区为基础,集聚优势资源,构建阶梯型孵化体系,培育、孵化一批示范企业、龙头企业。

三 坚持创新创造引领行业发展

当前文化产业进入创新驱动的历史时期,科技创新、互联网相关的产业形态已经上升为核心的、主导型产业，湖南省文化产业结构急需调整优化。

一是传统产业要加快转型升级。要加强与互联网、信息软件等新兴产业的对接，用互联网、大数据、人工智能等科技手段改造和提升广电、出版、演艺、工艺美术等传统行业，建构新的产业生态系统，实现传统、常态的文化产业向高端变革、向新需求端发展。

二是成长型产业要抓紧谋篇布局。以省体育产业集团为核心，大力发展体育赛事、竞技体育、体育休闲旅游等相关产业，打造新的"湘字号"文化产业品牌。以打造国家级、国际性会展品牌为目标，凭借湖南区位优势、资源优势，发展文化会展博览业。以"非遗"生产性保护为举措，加快全省尤其是大湘西地区非物质文化遗产创造性转化，实现"非遗"文化与旅游产业的相互促进。

三是新型文化业态要着重培育发展。促进文化创意与相关产业如信息软件、高端装备制造业的深度融合，催生新业态、新模式。结合各地发展实际和产业发展趋势，应重点在长株潭地区发展以数字文化科技为领导的高端产业、领军产业，如互联网视频、虚拟现实、移动电竞、在线教育等新兴业态。

四 健全完善配套政策体系

文化是特殊产业，在发挥市场配置资源作用的同时，应加强党委政府的理性主导。

一是优化文化管理方式。建立党委政府相关部门有效协调的工作机制，制定出台支持文化与科技、与互联网深度融合的政策举措。全面实施负面清单管理，保障市场竞争秩序。全面深化文化体制改革，推动体制机制创新，淘汰落后文化产能。

二是优化文化消费环境。加大政府购买文化服务力度，探索实施文化消费补助措施，对文化体育、高雅艺术等潜力较大的文化消费，和餐饮、建筑、民俗等具本土特色的文化消费进行引导，培育文化消费增长点。

三是优化文化人才服务。鼓励高校的文化产业相关专业与文化企业联合办学，加强对重点急缺人才的培养，借鉴国内外好的做法，如加拿大不列颠哥伦比亚省，在动画产业园区中，建了12家动画电脑学校；全国文化企业30强之一的完美世界公司在成都专门成立了"完美动力CG培训学校"等。鼓励文化企业通过交流合作、项目共建等途径引进智力资源，视情况对引进人才进行政策倾斜，实现人才的"柔性流动"。建立健全文化产业发展专家库制度，充分发挥湖南省高校、科研机构、协会等思想库作用，加强文化产业及政策研究。

［课题组组长：王毅，湖南省社会科学院（省政府发展研究中心）研究员；课题组成员：黄永忠、廖卓娴］

第 三 章

湖南文化产业发展区域地位评价
——基于中部六省比较

文化产业是朝阳产业,大有发展前途。当前,中部六省竞相发展文化产业,不断增强本省的文化产业竞争力。在中部地区,湖南文化产业有什么优势,存在哪些短板,本章通过构建文化产业竞争力评价指标体系,对中部六省文化产业竞争力进行比较分析,从进一步发挥湖南文化产业优势,积极融入中部地区,加强文化产业交流与合作等方面,提出若干提升湖南文化产业竞争力的对策措施。

第一节 中部六省文化产业发展基本态势

文化产业对物资资源耗费少,对环境的依赖小,产生的废弃物不多,对环境的影响微不足道,对于中部地区特别贫困地区而言,不受主体功能区制约影响。文化产业的发展不仅可以推动地区经济的发展,在新的历史时期还有助于扩大内需和促进经济结构转型推进高质量发展,而且对经济社会的发展具有深远的社会意义。文化产业竞争力需从文化竞争力内涵确定比较内容,同时横向比较对象需具有可比性与差异性。中部地区是地理中心,处于相同的发展阶段(水平),在国家战略布局调整下具有相似的政策背景和经济社会结构问题,有近似的共同问题,当然,在文化产业领域各自有着不同的文化资源优势,文化产业发展特色纷呈,成绩可圈可点,值得关注与借鉴。

一 湖南省

湖南三湘四水文化底蕴深厚，文化资源丰富，文化氛围浓郁，拥有多彩的民族风情和秀丽的自然风光，拥有凝聚着深厚湖湘文化底蕴的湘瓷、湘绣、湘茶等文创产品。湖南坚持把建设文化强省和锦绣潇湘全域旅游基地作为重点，文化和旅游发展取得重大成就，文物和非物质文化遗产保护走在全国前列；文化产业稳居全国第一方阵，旅游业蓬勃发展，文化和旅游融合发展日益加深。

湖南成功创建8个国家公共文化服务体系示范项目、14个省级现代公共文化服务体系示范区。成功创建国家全域旅游示范区7个、省级全域旅游示范区23个。国有文化企业实力进一步提升，4家企业列入"全国文化企业30强"。2020年，湖南文化及相关产业实现增加值2058亿元，湖湘文化创新引领发展，"报业湘军""广电湘军""出版湘军""演艺湘军"品牌越发闪亮，"文化湘军"魅力绽放。文化产业园区建设稳步推进，集聚程度和规模效应不断提升，马栏山视频文创产业园、天心文化（广告）产业园、湘潭昭山文化产业园等一批国家级文化产业园区（基地）建设取得重要进展。马栏山视频产业园实现了从"电视湘军"到"中国V谷"的华丽转身，成为全国唯一的国家级广播电视产业园区，入选国家文化与科技融合示范基地、全国版权示范园区（基地）、国家级文化产业示范园区创建名单。园区布局着重代表未来发展方向的数字视频文创全产业链集群，推动文化产业与数字经济深度融合。动漫游戏数字创意新融合、新业态的发展风生水起。马栏山加速文化与科技融合，5G实验室推出"时空凝结"技术，引领全国视频节目录制潮流。

湖南正将马栏山视频文创产业园打造成引领全省、示范全国的文化产业高地，将长株潭都市圈建设成产业高度集聚、创新创业活跃的文化产业核心区，将洞庭湖、湘南、湘西建设成主导产业突出、区域优势凸显的文化产业特色板块。湖南省将巩固提升传统优势文化产业，实施文化产业数字化战略，推动传统行业数字化改造，积极培育数字电影、网络游戏、数字音乐、数字出版、网络视听等业态发展，促进数字文化与社交电商、网络直播、短视频等在线新经济结合。

二 湖北省

湖北省统筹推进红色文化、荆楚文化、三国文化等文化资源的创造性转化和创新性发展，让武汉发挥国家中心城市优势，打造全国性新兴文化企业聚集区，高标准建设全球创意城市网络"设计之都"，打造全国性时尚设计之都、文化科技融合示范中心。推进襄阳市建设古城文化、三国文化和汉水文化，打造全国知名影视拍摄基地、中部地区重要的文化创意产业基地和区域性的工艺品生产基地，建设国家级文化旅游名城。宜昌市做强三峡文化旅游品牌，打造"钢琴之城""诗歌之城"。湖北是文化大省，也是科技大省。在新经济下，寻求文化与科技融合发展，让文化有科技支撑，让科技有文化温度。2018年，光谷文化企业达1200多家，其中35家营收过亿元，5家营收破10亿元。湖北省68家文化产业示范基地中，24家来自光谷。梦竞科技、博润通、江通传媒、艺画开天、原力动画等文化科技新秀不断涌现，许多都与光显示、人工智能、体感互动、裸眼3D等产业或技术密不可分。

三 江西省

江西省立足各地文化资源禀赋和功能定位，努力打造文化产业发展高地，培育壮大文化市场主体，构建特色鲜明、要素集聚、功能配套、联动发展的文化产业集群、集聚区、产业带，推动文化产业转型升级、提质增效，全省文化产业发展步入快车道。全省拥有国家级文化产业园区（基地）14个，省级文化产业园区（基地）140个。全省现有中文传媒、安福海能、沃格光电等8家上市文化企业，拥有中至数据、红星传媒、巨网科技等独角兽、瞪羚企业13家。

四 安徽省

安徽省有"淮河文化""皖江文化"和"徽州文化"三大区域文化圈，涵盖了皖北、皖中、皖南三个地域空间，拥有大量的地域文化资源。安徽省建成文化产业园区数量位居全国前列，截至2019年12月，全省省级及以上文化产业园区（基地）达275个。蚌埠大禹文化产业园入选第五批国家级文化产业示范园区，合肥荣获国家文化和科技融合示范基地

10强。安徽省积极培育文化金融市场，扶持文化企业上市融资，全省上市（挂牌）文化企业达到45家。积极响应国家"一带一路"战略，加强文化出口平台和海外文化营销渠道建设，全省文化产品服务出口168个国家和地区，进出口达8.20亿美元。重点建设中国声谷，科大讯飞占有全国中文语音技术市场70%以上的份额，领跑中国语音市场行业。文化和旅游加速融合，建立了长三角一体化旅游联盟，2018年安徽省旅游总收入7241亿元。

五 河南省

河南省现有国家文化产业示范园区1个，国家文化产业示范基地12个，省级文化产业示范园区15个，省级文化产业示范基地163个。河南应坚持"一河、两拳、三山、四古都"的发展规划，着力将"一河"（黄河）打造成中华文明连绵不断的探源地、实证地、支撑地和具有国际影响力的黄河文化旅游带；"两拳"（太极拳、少林拳）打造成河南省的文化"金名片"；"三山"打造为望得见山、看得见水、记得住乡愁的乡村文化体验空间；"四古都"打造为国际知名、国内一流的中华文化主地标城市，引领河南省文化产业发展。依托河南省丰富的文旅资源，坚持创新创意创造，推出沉浸式演艺、"非遗"工坊、文化集市、国风短剧、老家礼物等特色文化产品。河南省文化产业发展呈现良好态势，2019年全省文化及相关产业增加值2251亿元，成功打造为"黄河之礼"大IP文创品牌形象，旅游演艺产品"爆款"频出。河南省国家级非遗代表性项目增加至125个。河南博物院文创产品"考古盲盒"一经推出，受到市场广泛欢迎，一大批出口国外，实现了非遗资源的价值再生。随着文化跨界融合不断深入发展，传统产业业态展现新生机。河南卫视刮起了一阵传统文化的旋风，《唐宫夜宴》《洛神水赋》《龙门金刚》等中国节日系列奇妙游节目火爆"出圈"。

六 山西省

山西省拥有取之不尽的历史文化资源，是全国文化文物大省，2018年全省国家级重点文物保护单位452个，占全国的比重10.52%，各地传统历史文化、红色文化、佛教文化、根祖文化、黄河文化共同支撑起全省的文化底蕴。重点打造佛教与边塞文化产业区、晋商文化产业区、根祖文化产业区、太行文化产业区、黄河文化产业区五大特色文化产业区。山西一改将文物遗迹"圈起来"搞开发、卖门票的产业发展方式，转变为注重"互联网+"，鼓励文化和科技"联姻"，促进文化和科技的融合，发挥文化创意与科技创新的融合渗透功能，推动文化产业与数字技术、人工智能、电子信息和互联网等现代高新技术深度结合，促进数字内容、虚拟娱乐、新媒体等领域蓬勃发展。

"比较知长短"，本篇拟通过构建文化产业竞争力评价指标体系，并运用评价体系对中部六省文化产业进行比较。文化产业竞争力比较研究的目的在于帮助我们找到文化产业竞争力相对落后的主要原因，明确文化产业发展的未来方向，提出应对策略，助力区域经济高质量发展。中部六省是华夏五千年文明发祥、传承的主要地区，历史文化底蕴悠久而深厚，河南的中原文化、湖北的荆楚文化、湖南的湖湘文化、安徽的徽文化、山西的晋文化、江西的红色文化等代表文化产业符号，省份交互之间存在文化过渡与交叠，中部省份正在依托丰富的文化资源打造强势的文化产业，塑造文化产业品牌，展现出区域文化产业创造力，为中部崛起提供强有力的经济推动力。中部地区处于相同的发展阶段，在相同的政策背景下有着相似的经济社会结构问题，中部六省比较也是中部各省通常的比较方法。尽管问题相同，但因举措不同而成效不同。

湖南位于中部地区，中部六省具有大体相近的发展程度，尽管湖南在很多方面的实力都居于前列，但也要从变化中看到自身不足。这次期望通过中部六省文化产业竞争力比较，让我们更加全面地看到湖南文化产业的优势与劣势，通过数据变化看到区域文化产业创造力情况，找到提升文化产业竞争力的对策，进而帮助我们在挖掘文化资源，创新文化产品，提高文化产业科技含量，培育和开拓文化市场，培育文化品牌等方面找到经验借鉴，从文化产业环境竞争力、深层竞争力和核心竞争力角度出发，探讨如何发展湖南文化产业，加快市场主体和投资主体建设，优化产业结构调整提供政策供给，进而强化意识，把推进文化产业竞争力的培育上升至战略层面，实现文化企业培育战略与品牌文化产品培育战略。

第二节　中部六省文化产业竞争力比较

文化产业竞争力是一个系统性、综合性概念，在实证中难以用某一个或几个指标进行替代研究，本篇在分析文化产业竞争力内涵和诸多要素的各项特质的基础上，按照科学性与客观性相结合、系统性与层次性相结合、可操作性与可比性相结合、动态性与静态性相结合的设计原则，设立文化产业竞争力1个一级指标，从文化产业发展活力、文化产业贡献率、文化产业创新力、传统文化产业竞争力、文化市场活跃程度、文化产业发展政府支持力、文化事业渗透力、文化与旅游融合力、文化产业数字化程度等9个方面设立二级指标，选取确立40个三级指标构成的中部六省文化产业竞争力指标体系的主要方面和主体框架。在收集指标数据的基础上，对指标数据进行消除量纲处理，再进行综合指数测算，并对测算结果进行分析。

一　原始数据库的建立

根据前面构建的用于横向比较的文化产业评价竞争力指标体系，此次研究需要收集40个三级指标的数据值。我们从《中国统计年鉴（2021）》《中国文化及相关产业统计年鉴（2021）》中收集了山西、安徽、江西、河南、湖北、湖南六个省份的原始数据，共计246个。绝大部分原始数据是2020年的，但由于统计原因，统计年鉴中所统计的2019年的数据，分别是文化产业增加值、文化产业增加值占GDP比重、国际旅游收入三个指标，由于研究进行的是横向比较，主要是2020年这个时间截面，2019年的三个指标时间仅仅相差一年，一般不会影响比较结论。

二　评价模型建立

第一步，对三级指标做消除量纲处理。指标分为正指标和逆指标两类。正指标越大越好，逆指标越小越好。

一组正指标中最大的指标记为X_{MAX}，第I个指标，对X_1消除量纲用X_1/X_{MAX}这个公式计算。

一组逆指标中最小的指标记为 X_{MIN}，第 I 个指标，对 X_1 消除量纲用 X_{MIN}/X_1 这个公式计算。

第二步，指标赋权。采用专家打分法进行赋权。如表 3.1 所示。

表 3.1　　中部六省文化产业发展竞争比较指标赋权

一级指标	二级指标	指标权重	三级指标	指标权重
Z：文化产业竞争力	Y_1：文化产业发展活力	0.1248	X_1	0.0910
			X_2	0.0909
			X_3	0.0908
			X_4	0.0913
			X_5	0.0909
			X_6	0.0907
			X_7	0.0909
			X_8	0.0912
			X_9	0.0909
			X_{10}	0.0905
			X_{11}	0.0909
	Y_2：文化产业贡献率	0.1103	X_{12}	0.4556
			X_{13}	0.5444
	Y_3：文化产业创新力	0.1189	X_{14}	0.1756
			X_{15}	0.2213
			X_{16}	0.2415
			X_{17}	0.1942
			X_{18}	0.1674
	Y_4：传统文化产业竞争力	0.1234	X_{19}	0.1753
			X_{20}	0.2216
			X_{21}	0.2405
			X_{22}	0.1951
			X_{23}	0.1675

续表

一级指标	二级指标	指标权重	三级指标	指标权重
Z：文化产业竞争力	Y_5：文化市场活跃程度	0.1096	X_{24}	0.3326
			X_{25}	0.3345
			X_{26}	0.3329
	Y_6：文化产业发展政府支持力	0.0889	X_{27}	0.4551
			X_{28}	0.5449
	Y_7：文化事业渗透力	0.1111	X_{29}	0.2526
			X_{30}	0.2415
			X_{31}	0.2378
			X_{32}	0.2681
	Y_8：文化与旅游融合力	0.1029	X_{33}	0.1756
			X_{34}	0.2211
			X_{35}	0.2415
			X_{36}	0.1942
			X_{37}	0.1676
	Y_9：文化产业数字化程度	0.1101	X_{38}	0.3345
			X_{39}	0.3326
			X_{40}	0.3329

第三步，得分计算，消除量纲后加权求和 $*100$。

二级指标计算得分公式如下：

$Y_1 = (X_1 * 0.0910 + X_2 * 0.0909 + X_3 * 0.0908 + X_4 * 0.0913 + X_5 * 0.0909 + X_6 * 0.0907 + X_7 * 0.0909 + X_8 * 0.0912 + X_9 * 0.0909 + X_{10} * 0.0905 + X_{11} * 0.0909) * 100$

$Y_2 = (X_{12} * 0.4556 + X_{13} * 0.5444) * 100$

$Y_3 = (X_{14} * 0.1756 + X_{15} * 0.2213 + X_{16} * 0.2415 + X_{17} * 0.1942 + X_{18} * 0.1674) * 100$

$Y_4 = (X_{19} * 0.1753 + X_{20} * 0.2216 + X_{21} * 0.2405 + X_{22} * 0.1951 + X_{23} * 0.1675) * 100$

$Y_5 = (X_{24} * 0.3326 + X_{25} * 0.3345 + X_{26} * 0.3329) * 100$

$Y_6 = (X_{27} * 0.4551 + X_{28} * 0.5449) * 100$

$Y_7 = (X_{29} * 0.2526 + X_{30} * 0.2415 + X_{31} * 0.2378 + X_{32} * 0.2681) \ 100$

$Y_8 = (X_{33} * 0.1756 + X_{34} * 0.2211 + X_{35} * 0.2415 + X_{36} * 0.1942 + X_{37} * 0.1676) * 100$

$Y_9 = (X_{38} * 0.3345 + X_{39} * 0.3326 + X_{40} * 0.3329) * 100$

文化产业综合竞争力得分计算公式如下:

$Z = (Y_1 * 0.1248 + Y_2 * 0.1234 + Y_3 * 0.1096 + Y_4 * 0.1101 + Y_5 * 0.1111 + Y_6 * 0.1029 + Y_7 * 0.1189 + Y_8 * 0.1103 + Y_9 * 0.0889) * 100$

具体指标含义说明:

Y_1: 文化产业发展活力。主要是从营业收入的角度来分析某一省市文化企业的发展情况。包括文化及相关产业年末从业人员数，文化及相关产业年末营业收入，规模以上文化及相关产业企业单位数，年度瞻仰祭扫烈士陵园人次，文化、体育和娱乐业从业人数（城镇非私营单位就业人员年底数），文化及相关产业法人单位数，规模以上文化制造业企业营业收入，限额以上文化批发和零售业企业营业收入，限额以上文化服务业企业营业收入，娱乐场所营业收入，动漫企业营业收入等11个三级指标来衡量。

Y_2: 文化产业贡献率。它主要包括了文化产业增加值和文化产业增加值占GDP比重2个三级指标。

Y_3: 文化产业创新力。文化产业本身就很注重创意，产品创新有助于开拓新的市场，成为文化产业发展的重要动力。管理创新有助于提高企业的经营效率，提高文化产业的竞争力，包括规模以上文化制造业企业研发人员折合全时当量、规模以上文化制造业企业新产品销售收入、文化及相关产业专利授权、规模以上文化制造业企业专利申请数、规模以上文化制造业企业有效发明专利数5个三级指标。

Y_4: 传统文化产业竞争力。包括录音制品出版品种、录像制品出版品种、出版印刷企业数、出版印刷从业人员数和电视剧播出数5个指标。

Y_5: 文化市场活跃程度。它包括城乡居民人均文化娱乐消费支出、城镇居民教育文化娱乐消费支出占比和农村居民教育文化娱乐消费支出占比3个三级指标。

Y_6: 文化产业发展政府支持力。包括地方一般公共预算文化旅游体育与传媒支出和一般公共服务支出2个三级指标。

Y_7：文化事业渗透力。主要包括人均拥有公共图书藏量、博物馆个数、博物馆从业人员、博物馆参观人数 4 个三级指标。

Y_8：文化与旅游融合力。文化产业与旅游产业具有天然的耦合性，发达的旅游业为文化产业提供良好的环境。包含了 5 个三级指标：艺术表演团体机构数、艺术表演场馆观众人次、艺术表演团体演出场次、艺术表演团体国内演出观众人次和国际旅游业收入。

Y_9：文化产业数字化程度。包括了移动互联网接入流量、互联网宽带接入用户和电子出版物出版数量 3 个三级指标。

三 比较研究结论

Y_1 层分析：湖南文化产业发展充满活力。文化产业发展活力得分湖南在中部六省中排名第一，见表 3.2。"文化产业发展活力"这一分项中，单个指标湖南省排第一的有规模以上文化及相关产业企业单位数、规模以上文化制造业企业营业收入、娱乐场所营业收入、动漫企业营业收入。规模以上企业一般承担起引领行业发展的重要作用。一个行业发展如何关键看规模以上企业发展如何。2020 年，湖南省规模以上文化及相关产业企业单位数达 3744 个，比湖北省多 777 个，比山西省多 3405 个。规模以上文化制造业企业营业收入 2059.62 亿元，是山西省的 51 倍，比排第二名的江西省多 186.48 亿元。随着经济社会的发展，人均 GDP 收入过万美元时代的到来，居民有更多空闲时间，因此有大量娱乐消费需求。大力发展娱乐经济成为文化产业发展的重要板块。2020 年湖南省娱乐场所营业收入 18.56 亿元，比排名第二的安徽省多 5.21 亿元。2020 年，湖南省文化、体育和娱乐业从业人数（城镇非私营单位就业人员年底数）达到 6.20 万人，比第一位的河南省少 1.30 万人，比江西省多 2.90 万人。动漫产业发展作为湖南的品牌，虽然近些年被沿海发达地区省份超过，但仍是湖南文化产业发展的重要板块，在中部地区湖南动漫产业仍是位居前列。2020 年，湖南动漫企业营业收入有 7.01 亿元，比排第二位的湖北省多 0.16 亿元，远远超过山西省，山西省仅 0.18 亿元。文化及相关产业年末从业人员数 2020 年年末达到 81.64 万人，比河南省少 22.59 万人，比山西省多 60.99 万人。红色旅游业比不上江西省，年度瞻仰祭扫烈士陵

表3.2 二级指标得分及文化产业竞争力综合指数得分排序表

	Y_1 文化产业发展活力得分及排序	Y_2 文化产业贡献率得分及排序	Y_3 文化产业创新力得分及排序	Y_4 传统文化产业竞争力得分及排序	Y_5 文化市场活跃程度得分及排序	Y_6 文化产业发展政府支持力得分及排序	Y_7 文化事业渗透力得分及排序	Y_8 文化与旅游融合力得分及排序	Y_9 文化产业数字化程度得分及排序	Z 文化产业综合竞争力指数
山西省	14.36 (6)	32.31 (6)	5.72 (6)	32.03 (6)	77.63 (1)	56.63 (5)	57.69 (6)	19.65 (5)	31.23 (6)	36.50 (6)
安徽省	59.65 (4)	82.23 (4)	71.28 (1)	48.62 (4)	53.37 (5)	56.59 (6)	57.99 (5)	75.21 (1)	52.02 (2)	61.80 (3)
江西省	55.36 (5)	62.93 (5)	52.27 (2)	46.63 (5)	57.04 (3)	66.04 (4)	71.79 (2)	14.88 (6)	37.92 (5)	51.59 (5)
河南省	61.44 (3)	90.55 (2)	40.72 (4)	64.23 (2)	54.87 (4)	98.26 (1)	86.76 (1)	67.37 (2)	51.82 (3)	68.78 (2)
湖北省	75.39 (2)	84.68 (3)	49.99 (3)	54.85 (3)	51.49 (6)	85.15 (3)	65.38 (4)	34.31 (3)	46.36 (4)	61.21 (4)
湖南省	77.26 (1)	95.41 (1)	38.83 (5)	69.78 (1)	73.66 (2)	87.65 (2)	65.57 (3)	29.74 (4)	89.48 (1)	70.80 (1)

表 3.3　中部六省文化产业竞争力指标原始数据库（2020 年）

序号	指标	山西省	安徽省	江西省	河南省	湖北省	湖南省
1	人口（万人）	3490	6105	4519	9941	5745	6645
2	居民人均文化娱乐消费支出（元）	390.90	456.20	444.60	353.90	422.70	726.10
3	城镇居民教育文化娱乐消费支出占比（%）	10.58	1.90	1.98	2.91	1.72	2.25
4	农村居民教育文化娱乐消费支出占比（%）	9.40	9.47	10.88	10.54	9.55	11.91
5	地方一般公共预算文化旅游体育与传媒支出（亿元）	112.31	97.06	120.35	140.93	146.52	139.87
6	一般公共服务支出（亿元）	423.63	515.12	558.28	1061.53	772.33	861.15
7	移动互联网接入流量（万GB）	365455.10	614702.30	429567.40	146343.40	506671.90	708985.80
8	互联网宽带接入用户（万户）	1252.10	2093	1510.50	3090.90	1870.20	2113.20
9	电子出版物出版数量（万张）	2.50	2.40	6.80	56.60	11.30	161.70
10	录音制品出版品种（种）	30	22	173	39	24	111
11	录像制品出版品种（种）	56	24	132	7	33	238
12	艺术表演团体国内演出观众人次（万人次）	3589.10	9555.10	1904.70	12351.50	6067.20	3231.50
7	移动互联网接入流量（亿GB）	36.55	61.47	42.96	14.63	50.67	70.90
13	年度瞻仰祭扫烈士陵园人次（万人次）	27.30	397.60	5186.80	450.40	608.80	332.80
14	人均拥有公共图书藏量（册）	0.62	0.58	0.63	0.41	0.76	0.59
15	博物馆个数（个）	159	230	172	336	214	122
16	博物馆从业人员（万人）	4786	3342	4033	7433	4324	3245
17	文化、体育和娱乐业从业人数（城镇非私营单位就业人员年底数）（万人）	4.60	3.50	3.30	7.50	6.10	6.20
18	博物馆参观人数（万人次）	1310	1454	3239	3191	1380	3394
19	国际旅游营业收入（2019年，百万美元）	410	3387.70	865.40	947	2654.20	2250.90
20	文化及相关产业专利授权（项）	1127	4316	4557	5845	4685	4502
21	规模以上文化制造业企业研发人员折合全时当量（人/年）	110	7182	9585	3712	6398	4706

续表

序号	指标	山西省	安徽省	江西省	河南省	湖北省	湖南省
22	规模以上文化制造业企业新产品销售收入（万元）	127543	5707624	4966491	1298859	4583709	2361333
23	规模以上文化制造业企业专利申请数（件）	31	3566	1930	885	1700	1197
24	限额以上文化服务业企业营业收入（万元）	1160494	7043737	4362640	7468875	18093504	8849797
25	娱乐场所营业收入（万元）	40094	133484	118638	93352	85651	185577
26	动漫企业营业收入（万元）	1825	44806	22351	12174	68459	70097
27	文化产业增加值（2019年，亿元）	387	1665	987	2251	1929	2024
28	文化产业增加值占GDP比重（2019年，%）	2.28	4.52	4.00	4.19	4.25	5.07
29	电视剧播出数部（部）	6816	8863	9146	13295	11292	10811
30	艺术表演团体机构数（个）	827	2334	380	2391	441	631
31	艺术表演场馆观众人次（万人次）	222	136	148	289	108	613
32	艺术表演团体演出场次（万场次）	6.20	30.20	4.80	30.60	8.20	6.90
33	出版印刷企业数（个）	148	365	144	464	370	417
34	文化及相关产业2020年末从业人员数（人）	206532	630497	591244	1042351	981505	816432
35	文化及相关产业2020年末营业收入（万元）	4864084	38989570	33916708	43886759	54985732	43239397
36	规模以上文化及相关产业企业单位数（个）	339	2392	1957	2897	2967	3744
37	出版印刷从业人员数（人）	6362	12486	6380	14734	14399	16511
38	文化及相关产业法人单位数（个）	339	2392	1957	2897	2976	3744
39	规模以上文化制造业企业营业收入（万元）	405115	14019366	18731421	11959495	16351527	20596234
40	限额以上文化批发和零售业企业营业收入（万元）	982180	5836096	1810612	3834845	3518364	3238245
41	规模以上文化制造业企业有效发明专利数（件）	42	3505	658	836	1485	786

资料来源：表3.3中数据源于《中国统计年鉴（2021）》《中国文化及相关产业统计年鉴（2021）》。

园人次 332.80 万人次，远远超过山西省（27.30 万人次）。

Y_2 层分析：文化产业成为湖南省国民经济发展的支柱产业。文化产业贡献率得分湖南在中部六省中排名第一。从文化产业增加值绝对值看，2019 年湖南省文化产业增加值 2024 亿元，中部六省中湖南省排名第二。排名第一的是河南省，2251 亿元，比湖南省多 227 亿元。最少的是山西省，仅 387 亿元，湖南省是山西省的 5.23 倍。从文化产业增加值占 GDP 比重这一指标看，湖南省达到 5.07%，中部六省中湖南省居第一位，这一比重数据也表明，在湖南，文化产业成为国民经济的支柱产业（某产业增加值占 GDP 比重超过 5%，表明该产业是国民经济的支柱产业），同年，全国文化产业增加值占 GDP 比重 4.50%，湖南省超出全国平均水平 0.50 个百分点。中部六省中其他省份均未达到 5%。居第二位的是安徽省（4.52%）。居最后一位的是山西省，山西省文化产业增加值占 GDP 比重仅 2.28%，湖南省超出山西省 2.79 个百分点。湖南省不断深化文化体制改革，推进文化与科技、旅游、创意深度融合，推动文化产业高质量发展。"广电湘军""出版湘军"等品牌越发闪亮，"演艺湘军"声名日盛，省管国有文化企业是文化企业发展的"主力军"。充分发挥商业银行文创支行、担保机构担保基金及文旅基金作用，积极培育文化产业龙头企业和上市后备资源。积极探索职务与职级分离管理等新机制新模式，不断激发文化企业内生动力。以马栏山视频文创产业园为重点的文化产业"湖南高地"基本形成，正是这系列举措，使得湖南文化产业步入高质量发展阶段，成为支柱产业。

Y_3 层分析：湖南文化产业发展需要加快创新。文化创新力得分湖南在中部六省中排第五位。文化创新力用规模以上文化制造业企业研发人员折合全时当量、规模以上文化制造业企业新产品销售收入、文化及相关产业专利授权、规模以上文化制造业企业专利申请数、规模以上文化制造业企业有效发明专利数 5 个指标衡量。2020 年，湖南省规模以上文化制造业企业研发人员折合全时当量 4706 人/年，比第一位的江西省少 4879 人年，不及江西省的一半。2020 年，湖南省规模以上文化制造业企业新产品销售收入 236.13 亿元，在中部六省中排第四位，安徽省排第一位，570.76 亿元，湖南省比安徽省少 334.62 亿元，不及安徽省的一半。2020 年，湖南省文化及相关产业专利授权 4502 项，排名第一位的是河南省，有 5845 项，湖南省比河南省少 1343 项。安徽、江西、湖北三个省分别为：4316 项、4557 项、4685 项。湖南省比最后一位的山西省多 3375 项。2020 年，湖南省规模以上文化制造业企业专利申请数 1197 件，安徽省排第一位，安徽省 3566 件，湖南省比安徽省少 2369 件，不及安徽省的一半，比排最后一位的山西省多 1166 件。规模以上文化制造业企业专利申请数，中部六省中各省相差悬殊。2020 年，湖南省规模以上文化制造业企业有效发明专利数 786 件，安徽省排名第一位，湖南省比安徽省少 2719 件，比最后一位的山西省多 744 件。规模以上文化制造业企业有效发明专利数中部六省中各省相差悬殊。

Y_4 层分析：湖南传统文化产业基础厚实，有较强的竞争力。传统文化产业竞争力得分在中部六省中排名第一。传统文化产业竞争力用录音制品出版品种、录像制品出版品种、出版印刷企业数、出版印刷从业人员数和电视剧播出数 5 个指标衡量。2020 年，湖南省录音制品出版品种 111 种，居第二位。居第一位的是江西省，江西省有 173 种，比湖南省多 62 种。山西省、安徽省、河南省、湖北省均没有超过 100 种，分别为 30 种、22 种、39 种、24 种。2020 年，湖南省录像制品出版品种 238 种，居第一位。居第二位的是江西省，有 132 种。山西省、安徽省、河南省、湖北省均没有超过 100 种，分别是 56 种、24 种、7 种、33 种。2020 年，湖南省有出版印刷企业 417 个，居第二位。居第一位的是河南省，有 464 个。山西省和江西省数量偏少，分别是 148 个、144 个，比湖南省分别少 269 个、273 个。2020 年，湖南省有 16511 人从事出版印刷业，居第一位。没有超过一万人的两个省是山西省和江西省，分别有 6362 人、6380 人，比湖南省均少了万余人。2020 年，湖南省播出电视剧 10811 部，居第三位。居第一位的是河南省，播出 13295 部。居第二位的是湖北省，播出 11292 部。山西省、安徽省、江西省均未过万，分别是 6816 部、8863 部、9146 部。湖南省 20 年来，一直重视文化产业发展，传统文化产业得到充分发展。湖南地处我国中部，社会经济发展相对慢，但是文化产业发展却起步早、发展快，形成"湖南文化现象"，并引发全国关注。当人们还在争论文化的事业或产业属性时，湖南省就提出大力发展文化经济，并积极探索出了具有鲜明湖南特色的文化建设新模式。形成"电视湘军""出版湘军""动漫湘军"等湘字号文化品牌。

Y_5 层分析：湖南文化消费市场活跃，居民消费意愿强。文化市场活跃程度得分在中部六省中排第二位。文化市场活跃程度用城乡居民人均文化娱乐消费支出、城镇居民教育文化娱乐消费支出占比和农村居民教育文化娱乐消费支出占比 3 个指标衡量。2020 年，湖南省城乡居民人均文化娱乐消费支出 726.10 元，在中部六省中排第一位。排第二位的是安徽省，城乡居民人均文化娱乐消费支出 456.20 元，湖南省比安徽省多 269.90 元。最少的是河南省，其城乡居民人均文化娱乐消费支出 353.90 元，约为湖南省的一半。2020 年，湖南省城镇居民教育文化娱乐消费支出占比 2.25%，在中部六省中居第三位。占比最大的是山西省，高达 10.58%，比湖南省高出 8.33 个百分点。居第二位的是河南省，占比 2.91%，比湖南省高出 0.66 个百分点。占比低于湖南省的三个省是安徽省、江西省、湖北省，分别为 1.90%、1.98%、1.72%。2020 年，湖南省农村居民教育文化娱乐消费支出占比 11.91%，居第一位，比居第二位的江西省高出 1.03 个百分点，比居第六位的山西省高出 2.51 个百分点。湖南文化消费市场活跃，近年来，夜间文化经济发展态势良好。以长沙为例，长沙号称不夜城，夜间文化旅游消费需求旺盛、市场活跃、业态丰富。近年来，长沙大力发展夜间文旅经济，推动"网红"长沙成为"顶流"长沙，已连续三年入选"中国十大夜经济影响力城市"。

Y_6 层分析：湖南省文化产业发展政府支持力度大。文化产业发展政府支持力得分在中部六省中排第二位。文化产业发展政府支持力用地方一般公共预算文化旅游体育与传媒支出、一般公共服务支出两个指标来衡量。2020 年，湖南省地方一般公共预算文化旅游体育与传媒支出 139.87 亿元，居第三位。排第一位的是湖北省，地方一般公共预算文化旅游体育与传媒支出 146.52 亿元，比湖南省多 6.65 亿元。排第二的是河南省，比湖南省多 1.06 亿元。最少的是安徽省，为 97.06 亿元。湖南省比安徽省多 42.81 亿元。2020 年，湖南一般公共服务支出 861.15 亿元，在中部六省中排第二位，河南省排第一位，比湖南省多 200.38 亿元。最少的是山西省为 423.63 亿元，湖南省是山西省的 2.03 倍。湖南省对文化产业发展的财政支持力度比较大，从出台的政策可以体现出来。早在 2002 年湖南省就出台了关于加快文化产业发展的若干政策措施的意见。各县市区大力支持文化产业发展。2021 年年底，长沙芙蓉区出台《芙蓉区促进文化产业集聚区高质量发展的若干措施（暂行）》，重视对文化产业园区发展的支持。2022年8月出台《进一步支持马栏山视频文创产业园发展若干政策》，从鼓励开展技术创新、降低企业运营成本、加大人才支持力度等八个方面"真金白银"的支持马栏山文创园，加快打造具有国际影响力和核心竞争力的"中国V谷"。

Y_7层分析：湖南文化事业与文化产业融合有发展空间。文化事业渗透力得分湖南在中部六省中排名第三。从人均拥有公共图书藏量、博物馆个数、博物馆从业人员、博物馆参观人数这四个指标分析，湖南文化事业发展在中部六省中居中。2020年，湖南省人均拥有公共图书藏量0.59册，在中部六省中居第四位，居第一位的是湖北省为0.76册，最少的河南省为0.41册。河南省的博物馆最多，有336个，居第二位和第三位的安徽省和湖北省分别有230个、214个。湖南省的博物馆最少，仅122个。2020年，中部六省中，湖南省博物馆从业人员最少，为3245万人，河南省博物馆从业人员最多为7433万人，是湖南省的2倍多。2020年，中部六省中，湖南省博物馆参观人数最多为3394万人次，最少的博物馆承接了最多的参观人数。湖南省博物馆是中国首批国家一级博物馆、中央地方共建的八个国家级重点博物馆之一、湖南省最大的综合性历史艺术类博物馆。展厅面积为2.70万平方米，有馆藏文物18万余件，尤以长沙马王堆汉墓出土文物、商周青铜器、楚文物、历代陶瓷、书画等最具特色，入选教育部首批"全国中小学生研学实践教育基地"，为此吸引了大量的参观人员，外地来湖南长沙旅游的游客一般都会去湖南省博物馆参观。此外，还有许多其他有特色的博物馆吸引着游客参观。文化事业的发展具有公益性，但是文化事业与文化产业不是完全割裂开的。文化事业的发展可为文化产业的发展延伸空间，而文化产业的发展又可为文化事业的发展注入动力源泉。文化事业与文化产业有融合空间。通过比较，中部六省中湖南文化事业发展水平居中，今后文化产业的发展需要提升文化事业的发展，并以文化事业促进文化产业发展。

Y_8层分析：湖南文化旅游融合需要加深拓宽。文化与旅游融合力得分湖南在中部六省中排名第四。文化与旅游融合需要交融点，艺术表演是其中一个最佳融合点。艺术表演团体机构数、艺术表演场馆观众人次、艺术表演团体演出场次、艺术表演团体国内演出观众人次、国际旅游业收入五个指标中仅艺术表演场馆观众人次在中部六省中居第一位。2020年，湖南省艺术表演场馆观众人次613万人次，比居第二位的河南省多324万人次，比湖北省多505万人次，是湖北省的5.68倍。2020年湖南省艺术表演团体机构数631个，比河南省、安徽省分别少1760个、1703个。湖南省的演艺产业市场仍处于自我调节的探索阶段，市场结构不尽合理。虽然省会长沙市文娱演艺产业发展速度最快，已经形成一定规模的特色品牌，而岳阳、衡阳、郴州等其他地级城市的相关演艺产业则要滞后，艺术表演团体少，文娱演艺项目与特色难以发展，城市与乡村之间文娱演艺产业发展严重不均。在乡村，文娱演艺业更是贫乏，除了各地市政府鼓励的"演艺惠民"与"送戏下乡"等活动以外，难见其他文娱活动。还是没有从根本上解决乡村的演艺文化建设问题，无法满足乡村人民日益增长的精神文化需求。湖南省文娱演艺市场已经初步建立，各类歌厅、酒吧、演艺团体、剧场与音乐厅等演艺场所不断发展壮大，为广大市民提供了较为丰富的文化艺术娱乐大餐，但演艺市场制度建设还不完善，各种市场要素还得不到充分利用，演艺市场的营销还有待进一步规范。文娱演艺产业管理缺乏相关的政策支持和制度约束，文娱演艺公司数量不足、发展较慢，缺乏交流合作的长效机制。

Y_9层分析：湖南文化产业数字化发展态势好。文化产业数字化程度得分排名在中部六省居第一位。文化产业数字化程度从移动互联网接入流量、互联网宽带接入用户、电子出版物出版数量三个指标衡量。2020年，湖南省移动互联网接入流量70.90亿GB，在中部六省中排名第一。安徽省排名第二，为61.47亿GB，湖南省比安徽省多9.43亿GB，河南省居第六位，仅14.63亿GB，湖南省比河南省多56.26亿GB，是河南省的4.85倍。2020年，湖南省互联网宽带接入用户2113.20万户，河南省居第一位，有3090.90万户，河南省人口总量最多，有9941万人，随着互联网宽带使用的普及，有越来越多的互联网宽带使用用户。山西省排第六位，1252.10万户，山西省总人口3490万人。这一指标与各省人口总数正相关。2020年，湖南省电子出版物出版数量161.70万张，在中部六省中排第一位，远远超过山西省（2.50万张）、安徽省（2.40万张）、江西省（6.80万张）、湖北省（11.30万张）。比居第二位的河南省多105.10万张。湖南省正探索用数字化手段将文化资源融入旅游场景，通过数字化方式对目标游客进行分类与画像，满足包括游客的吃、住、行、游、购、娱等全方位需求，推动文旅产业数字化跨界多元合作，疫情也在倒逼旅游企业加速数字化转型和创新布局。目前，正在以张家界为模板，以首届旅游发展大会为契机，全力打造和呈现一个全行业数字化智慧文旅建设的领先标杆，一个数智化的世界知名旅游目的地，一个充分展现中国现代化公共服务能力和社会治理能力的典范旅游城市。

综合分析：中部六省中，湖南文化产业竞争力最强。九个分项竞争力中，中部六省中湖南省有四个分项排第一位，分别是文化产业发展活力、文化产业贡献率、传统文化产业竞争力、文化产业数字化程度。文化市场活跃程度、文化产业发展政府支持力均排第二位。文化事业渗透力得分排第三位。相对较弱的分项是文化与旅游融合力、文化产业创新力。文化产业竞争力综合指数排名第一，湖南文化产业发展敢于人先，敢于创新，走出了一条独特的道路，不断培育出新兴业态，甚至可以引领行业发展。总体上看，存在文化企业微观活力需要增强，产业投入渠道需要拓宽，文化产业人才队伍建设需要加强，文化产业品牌需要创新，要进一步推动科技与文化产业的融合，推动文化走出去。

第三节　提升湖南文化产业区域影响力的对策建议

针对前述比较分析，湖南省应该重点培养产业融合力、创造力、内容生产力、先进技术融合力，加快推进文化产业集群的做大做强，补充和完善文化产业相关上下游产业链，不断提高文化产业的总体实力和竞争力，将湖南打造成中部地区核心竞争力最强的文化产业集聚区。

一　增强文化产业微观活力

做大做强龙头企业。充分发挥企业文化生产力的主体地位和引领作用，以湖南广播影视集团、湖南出版投资控股集团、潇湘电影集团、湖南体育产业集团、湖南省演艺集团 5 大国有企业和中南传媒、电广传媒、芒果超媒、天舟文化、华凯创意、高斯贝尔、中广天择 7 家 A 股上市公司，以及明和光电等高成长企业为重点，着力培育文化旗舰企业。继续发挥湖南广电、湖南出版内容制作引擎作用，积极引进国内 IT 行业头部企业和技术研发类企业，孵化本土科技创新引擎和独角兽企业。积极培育上市企业以及后备上市企业，按照主板、新三板上市的要求，选择一批有前景、有竞争力的企业进行培育。

搞活中小微文化企业。构建头部企业与中小微文化企业合作共赢的发展机制，鼓励有条件的中小微文化企业建立研发机构，与头部企业、高等院校、科研院所开展科研合作和协同创新。搭建专门服务中小微文化企业的公共信息平台，为中小微文化企业在无形资产估值、政策解读、专业培训、项目申报、产权保护、技术合作等方面提供更多针对性的服务。建立严格的文化知识产权保护与交易制度，加大对中小微文化企业创新保护。

积极培育壮大科研院所等文创类主体。以岳麓山大学城以及省内分布的各种高校、高职高专为重点，鼓励发展创意设计相关专业，鼓励大学生、高校教师、科研人员创业，鼓励推进创新成果转化，引导企业主体与高校科研院所合作，依托文化产业发展需求推进创新活动。

积极引导行业协会等主体发展。规范各类行业协会运行，鼓励支持成立各类细分行业协会，鼓励支持新业态成立行业协会，依托协会推进行业发展。鼓励支持创业沙龙、创业咖啡吧等有利于行业交流市场主体发展。

二　挖掘文化产业投入渠道

放大公共资金"引导"能力。发挥湖南省文化事业和文化产业发展专项资金、地方政府文化事业和文化产业发展专项资金的"引导"能力，转变资金投入结构，重点培养成长性好、关联度高、影响力大的优质文化项目，放大财政系数。鼓励文化创意和设计服务与相关产业融合发展，推动文化产业项目与旅游、体育、休闲农业等相关产业融合发展，积极引导和鼓励社会力量参与文化建设，逐步建立政府、社会和个人相结合的多渠道投入机制，通过构建政府和社会资本合作、公益创投等模式，扩大文化产业覆盖面，吸引各行各业共同参与文化产业建设，借助各行各业的力量发展壮大文化产业。

加快多层次文化金融产品创新。鼓励湖南省金融机构以开放合作的态度，结合湖南文化创意产业发展的基础特色和现实需求，从文化产业全产业链及价值链的角度,做好全方位融资模式创新。鼓励向文化企业提供投资基金、保险、上市融资等融资渠道,逐步构建起包括债券融资、银行信贷融资、社会投资、资本市场融资等在内的多层次、多渠道、多元化的金融服务支撑体系。比如,积极推出"大师贷""文化贷"等模式,对于省市级以上工艺美术大师、拥有独立知识产权的企业可以无须担保、抵押,凭其"工艺美术大师、非遗传承人、知识产权"等资格即可获得相应额度的贷款。

拓宽市场化融资渠道。放宽非公有制经济和外资的准入门槛,发展民营文化企业,通过继续深化宣传部与银行金融机构的合作机制,推进文化产业投融资体系的建设和完善。完善无形资产的估值体系,鼓励开展专利质押,对中小微文化企业通过发明专利权、实用新型专利权、外观设计专利权、商标专用权和版权等知识产权质押获得银行贷款的,并给予贷款贴息等一系列支持。

依托文化产业园区大力打造文化金融服务集群。鼓励各类文化产业园区积极引进具有文化金融特色的金融机构,包括银行、信用担保、保险、金融咨询等,大力打造文化金融聚集区,重点吸引新兴金融企业入驻,促进新兴金融加速聚集,构建起以文交所、文化融资担保、文化小额贷款、投资管理、文化产业基金、文化互联网金融、文化融资租赁、文化资产管理、艺术品和版权资产评估等为主的文化产业金融服务集群。

三 增强文化产业人才供给

加强领军人物和专业人才培养。进一步完善人才推荐评审、培养资助、联系服务工作机制,全方位培养、引进、用好人才。支持办好高层次人才专题研修班、国情研修班等。加强创新型、应用型、技能型人才培养,培养"一专多能"的全媒体人才,壮大高技能人才队伍;加强哲学社会科学领域基础研究人才培养,作风和学风建设;加强文艺工作者职业道德建设;加强联系服务专家工作,把各领域优秀文化人才团结在党的周围。鼓励各院校根据产业发展趋势,有规划、分层次地开设文化相关专业或增加文化方面的课程,为文化产业培养各方面人才;鼓励文化企业人员到院校开设课程,讲解产业当前的发展情况、产业融合的案例、高科技在产业中的运用情况等;鼓励普通高等学校、职业学校、研究机构在乡村设立文化和旅游类实习实践实训基地。

夯实基层人才队伍建设。加强县级和城乡基层宣传文化队伍建设，配齐配强乡镇党委宣传委员。鼓励和扶持群众性文艺社团、演出团体和基层宣讲员、各类文化人才、文化活动积极分子，建设更多具有地域文化特色的"红色文艺轻骑兵"。组织县级融媒体中心与省、市媒体人员双向交流，充实新时代文明实践志愿服务队伍。加强乡村文化产业人才建设。引导文化产业从业人员、企业家、文化工作者、文化志愿者、开办艺术类专业的院校师生等深入乡村对接帮扶和投资兴业，带动文化下乡、资本下乡、产业下乡。探索实施文化产业特派员制度，支持文化和旅游从业者、相关院校毕业生、返乡创业人员、乡土人才等创新创业。发挥乡村文化和旅游能人、产业带头人、非物质文化遗产代表性传承人、工艺美术师、民间艺人等领头作用，挖掘培养乡土文化人才，培育新型职业农民队伍。

完善人才评价激励机制。完善宣传文化人才评价体系，健全奖励体系和容错纠错机制。优化文化事业单位人才引进、人员奖励政策。激发和保护企业家精神，加强国有文化企业领导班子和领导人员分类分级管理。深化新闻单位人事制度改革，完善岗位管理和从业人员准入退出制度。建立健全充分体现创新要素价值的收益分配机制，开展文化单位科研、创意成果转化收益分配试点，推动符合条件的文化单位从业人员享受科技创新扶持政策。

四 整合文化资源打造品牌

推动文旅融合发展。提升旅游发展的文化内涵，深入挖掘地域文化特色，将文化内容、文化符号、文化故事融入景区景点，把社会主义先进文化、革命文化、湖湘优秀传统文化纳入旅游的线路设计、展陈展示、讲解体验，让旅游成为人们感悟湖湘文化、增强文化自信的途径。打造张家界国家文化产业和旅游产业融合发展示范区，建设大湘西等一批富有文化底蕴的世界级旅游景区和度假区，打造一批文化特色鲜明的国家级旅游休闲城市和街区。推动博物馆、美术馆、图书馆、剧院、非遗展示场所、对社会开放的文物保护单位等成为旅游目的地，培育主客共享的美好生活新空间。丰富优质旅游供给，提升旅游演艺、文化遗产旅游、文化主题酒店、特色节庆展会等品质，支持建设集文化创意、旅游休闲于一体的文化和旅游综合体。依托革命博物馆、党史馆、纪念馆、革命遗址遗存遗迹等，打造红色旅游经典景区和经典线路。利用乡村文化传统和资源，发展乡村旅游。加强对当代社会主义建设成就的旅游开发，深入挖掘重大工程项目的精神内涵，发展特色旅游。加强对工业遗产资源的活化利用，开发旅游用品、特色旅游商品，培育旅游装备制造业，发展工业旅游。推动旅游与现代生产生活的有机结合，加快发展度假休闲旅游、康养旅游、研学实践活动等，打造一批国家全域旅游示范区、A级旅游景区、国家级旅游度假区、国家精品旅游带、国家旅游风景道、特色旅游目的地、特色旅游功能区、城市绿道、骑行公园和慢行系统，大力发展智慧旅游，推进智慧景区、度假区建设。

推动传统媒体与新媒体融合发展。鼓励和引导主流媒体发挥自身内容建设优势和专业优势，准确把握分众化、差异化的传播格局，利用人工智能、大数据等先进技术做好差异化战略，将优质内容通过更精准的分发渠道传递到用户手中，建立具备专业化内容生产能力和分众化内容传播能力的新型主流媒体。建设集大数据处理、多模态通用科技、5G应用于一体的技术中台，把数据、内容和渠道"统起来"，对外实现平台融通，打破孤岛效应，形成平台资源共享。针对越来越细分的圈层，进一步细分内容供给，设立不同的"工作室""兴趣组""实验室"，将技术思维引入有限的内容生产，运用"移动设备""传感器""社交网络""定位系统""数据"构成场景的五种技术力量，形成用户所需的个性化服务。

推动先进文化与制造业融合发展。聚焦工业设计、品牌培育、工艺美术、工业遗产、工业博物馆、工业旅游等业态，通过新技术的深化应用，推动多业态融合，发展"大"工业文化产业，促进产业转型升级。加强工程机械、轨道交通、食品加工等产业、产品与湖南先进文化元素的有效结合，推动文化创意要素投入制造业中，参与其产品的价值创造，使制造业创造出具有文化内涵的新产品，进一步创造出差异化、高利润的新产品，开辟出新的市场，实现价值创新，推动制造业的发展与升级。加快马栏山视频文创园"文化+制造"基地建设，推动5G高新视频多场景应用与优势制造业产业链融合创新，实施"马栏山技术应用推广"行动,加快促进 5G 云 VR 平台与工程机械头部企业深度融合发展。加快推动从文化创意向"软性制造"过渡,以最新视频文创技术推动湖南省制造业及相关产业从传统的标准化、大众化、规模化的一般制造向个性化、定制化、服务化的"软性制造"过渡。建设国家文化大数据区域中心,打造面向全产业链的综合服务商。

五 以科技激发新兴态产生

扩大马栏山视频文创极核作用。形成以马栏山视频文创产业园为核心的长株潭文化科技融合圈,打造文化产业矩阵集群,将长沙打造成具有国际影响力的文化创意中心。强化马栏山视频文创产业园与岳麓山国家大学科技城、天心文化产业园的合作共生,发挥人才、政策、企业等基础优势,力争在人工智能、大数据、区块链、5G 等基础领域和创意设计、影视传媒、动漫娱乐等应用领域提升供应链企业间的互信互助,形成互动互联、开放共享的创新创业生态。以技术应用为纽带,探索推广"5G + 4K + VR"实时直播、超高清视频、数字孪生、虚拟结合、跨模态交互、跨时空、气味模拟等新技术在文化产业中的应用,研究制定和落实关键共性标准,构建多样化的沉浸式体验场景,更好地满足文化消费需求,带动文化传播和产业发展。加快建立 5G 技术产、学、研、用紧密利益共同体,开展传统文化资源"数字化"建设试点。

丰富文化与科技融合的新业态。大力发展网络视听、文博会展、数字演艺、增强现实和虚拟现实、电子竞技等新型文化业态,支持 5G、大数据、云计算、人工智能等新兴技术与影视传媒、新闻出版、演艺娱乐、动漫游戏等传统优势文化产业相结合。推动影视传媒产业融合创新发展,打造融合传播新体系,做强以湖南卫视为核心的传统媒体板块、以芒果 TV 为主平台的新媒体板块、以有线网络为支撑的移动网络板块。加快新闻出版产业数字转型发展,推动 AI、云计算等新技术与出版业相融合,构建集数字教育、数字物流、生态印刷为一体的具有国内外影响力的华文数字出版高地。打造"一通文化"网络平台和"天下一家"等云端剧场,积极探索"互联网 +"盈利模式。支持动漫游戏产业跨界提升发展,加强游戏核心技术研发和提升,加强动漫关键技术研发和内容形式交叉融合发展,推动人机互动、新型视听表达、手势识别等技术的深度开发与应用，大力发展手游、端游、VR游戏等新型业态。促进文博会展产业品牌提质发展，推动政府办展向社会办展转变，举办网络虚拟会展，发展新型会展业态。

激发文化企业多元化科技创新。加快文化产业核心领域技术的研发。面向"互联网+"时代跨界经济、分享经济、平台经济等发展的需求，以现代科技为支撑，加强颠覆性技术的研发。在数字化、信息化、云计算、大数据、人工智能、量子技术、新材料、新能源等领域，特别是交叉融合方面，加快部署一批具有能够改变文化生产、文化制造、文化科技、文化生态、文化经济的颠覆性技术研究。重点开发量子信息、人工智能、智能制造、微纳电子、智能交互、物联网、虚拟现实、增强现实、认知计算等技术，鼓励和引导行业优势企业自主开展应用基础研究，提高企业创新能力，加快突破关键核心技术。

六　大力推动文化产品走出去

持续优化对外文化贸易结构。服务国家"一带一路"倡议，加强数字技术与重点传统文化产业，如动漫、影视、游戏等领域的融合和创新，不断推动文化新型业态的发展，充分发挥其对湖南对外文化贸易的带动作用，让更多文创企业"走出去"。加强不同区域对外文化贸易的协同发展，优化区域贸易结构，不断发掘和利用长株潭、湘南、洞庭湖区、大湘西各地市的优势文化资源，结合当地民族文化特色，发展具有比较优势的文化产业并推动融入国际文化产业链、价值链，加快文化"走出去"的步伐。扩大文化服务的规模，提高文化服务对外贸易的质量，提升文化服务在全球文化产业链和价值链中的地位，逐步形成和塑造有湖南特色的文化服务品牌。

打造一批文化贸易领军企业。培育出一批能担当出口大任的具有国际化水平的文创企业队伍，努力打造"湘字号"湖南特色文化品牌。重点建设潇湘电影集团公司、中南出版传媒集团、金鹰卡通、蓝猫动漫等骨干企业，依托马栏山文化创意集聚区、长沙天心文化创意产业园、湖南自贸区等园区品牌效应，培育一批更具国际竞争力的文化企业，形成更多具有更强联动性的国际文化交易平台。

拓展湖南对外文化贸易的目标市场。积极经营美国、日本、欧盟等发达国家和地区市场，大力开发东南亚等新兴经济体和发展中国家市场，加大品牌推广力度。鼓励平台企业积极开拓国际市场，带动文化产品和服务出口，推动文化基地和企业走出去。

增强国际资源在文化产业中的参与度。鼓励具有国际影响力的文创企业、机构甚至外国投资机构进驻湖南，强化对外平台建设力度，优化文化贸易的环境。鼓励来湘的外籍从业者或留学生在学习中国文化的同时，积极参与湖南文化产业发展，促进中外文化融合，推动湖南文化产业走出去。

[课题组组长：周海燕，湖南省社会科学院（省政府发展研究中心）副研究员；课题组成员：曹前满、王凡、郑谢彬]

第 四 章

湖南文化产业数字化发展研究[①]

近年来,湖南文化产业数字化呈现出快速发展态势,取得突出成就,但同时也存在不少问题。随着数字经济的迅猛发展,湖南文化产业数字化已经不再是"选择题",而是"必修课",湖南文化产业要真正"活"起来、"火"起来,离不开数字技术的强大助力。理论上而言,随着文化与数字技术的融合,依托于数据网络和科学技术,组织边际成本无限递减,借助日益强大和普及的数字平台,湖南文化产业规模可以得到几何级甚至指数级增长。深入研究湖南文化产业如何抓住数字经济时代的发展契机,调查分析湖南文化产业数字化发展所面临的机遇与挑战,探索问题的解决方案,以数字科技赋能培育湖南文化产业新的增长极,对于以文化产业高质量发展促进湖南实现文化强省和满足人民群众对美好生活的需求具有重要的实践意义。

第一节 湖南文化产业数字化基本情况

文化产业数字化是强化湖南创新能力和建设文化强省的重要支撑。数字经济背景下的湖南文化产业,原野广袤,高峰林立,全省文化产业数字化发展整体向新向好、向深而为。湖南文化产业以创新和科技为抓手,借助数字科技新引擎,使用数字技术对文化产业生态系统进行更新改造,重构企业组织模式和产业创新发展范式,推动数字技术与实体经

[①] 本章系湖南省社会科学院(省政府发展研究中心)湖南文化创意产业研究中心课题:湖南文化产业数字化发展研究(22WHCYZD1)的研究成果。

济深度融合，使得文化产业与数字技术相互加持、高度适配，彼此成就。科技新引擎激发产业新动能，文化产业数字化是赋能湖南文化产业转型升级、推动产业链价值增值的重要支撑。伴随着数字科技赋能文化产业风口"起飞"，湖南文化产业正以文化为魂、科技为翼，在产业数字化高质量发展道路上持续探索、砥砺前行。湖南文化产业与高端制造业、旅游业、商业等领域的融合程度正日益加深，通过"文化+科技"深度融合锻造文化产业核心竞争力，进一步增强文化产业韧性与引领力，推动湖南文化产业数字化战略走深向实。

这些年，湖南省积极出台一系列文件政策推动文化产业数字化发展。自湖南省第十一次党代会提出文化强省建设目标以来，与文化产业数字化相关的政策规划等文件陆续出台，对湖南文化事业发展、文化产业数字化发展、公共文化服务数字化建设、视频文创产业园建设、视频文创产业链培育壮大、全省数字技术、数字人才和数字经济发展等各方面进行了统筹规划和工作部署。自 2015 年起，湖南省相继发布了《湖南省"十三五"时期文化改革发展规划纲要》《关于进一步加快文化强省建设的意见》《关于加快文化创新体系建设的意见》《湖南省超高清视频产业发展行动计划（2019—2022 年）》《关于加快湖南电子竞技产业发展的指导意见》《湖南省实施〈中华人民共和国公共文化服务保障法〉办法》《湖南省公共文化服务体系高质量发展五年行动计划》《湖南省"十四五"文化改革发展规划》《马栏山视频文创产业园"十四五"发展规划》《马栏山视频文创产业发展实施方案》等系列文件，有力地推动了湖南文化产业与数字科技融合发展。

一　公共文化数字化建设情况

秉持数据开放共享的理念，湖南省坚持政策支撑和市场导向并行，加快推进公共文化服务数字化建设，湖南省公共文化服务数字化建设成效显著，全省公共文化服务体系日趋完善。2021 年，湖南省在全国率先出台《湖南省公共文化服务体系高质量发展五年行动计划》，公共数字文化建设模式被评为全国文化和旅游信息化发展典型案例，全省逐步实现文化和旅游公共服务骨干设施标志化、乡镇阵地健全化、村级设施身边化，有力促进湖南文化和旅游公共服务高质量发展。在公共文化服务领域的数字化赋能实践探索方面，湖南省大力实施文化共享工程、数字图书馆推广、公共电子阅览室建设等重大数字文化工程，推进省、市州、县市区三级公共文旅数字服务综合平台建设，实现了从零到100%覆盖的历史性跨越。充分发挥数字化传播优势，加快推进图书馆、博物馆等文化资源数字化；培育数字文化消费新场景，大力拓展线上线下一体化、在线在场相结合的数字化文化新体验；加强红色革命历史、法治、清廉题材文艺创作。湖南省借助数字技术的"助推器"作用，通过文化与科技深度融合，让中华优秀传统文化和湖湘文化在数字经济时代绽放耀眼光彩，促进社会效益和经济效益相统一。

通过建设公共文化大数据平台和推进公共文化机构开展数字化研发应用，湖南省鼓励运用数字技术创新公共文化服务模式，实现服务内容与方式的数字化、移动化和便捷化，大力拓展互联网线上新业态，推进公共文化与文化产业在数字化建设领域的融合发展，不断提升湖南公共文化数字内容的供给能力和服务数字化水平。加快制定和完善全省统一的数字化非遗保护工程标准体系，探索建立市州级非遗数字资源库信息化建设，形成非遗保护数据库群。湖南省人民政府统筹规划和实施全省公共数字文化建设，建立覆盖城乡的省级公共数字文化服务平台，构建资源共享、标准统一、互联互通的公共数字文化服务网络。各级人民政府支持数字图书馆、数字文化馆、数字博物馆等项目建设，引导和支持开发数字文化产品，提供公共数字文化服务。加快推进城乡公共文化服务体系一体化建设。在基层实现共建共管共享，推进公共数字文化服务"进村入户"，打通公共文化服务"最后一公里"。加快博物馆、图书馆、文化馆、科技馆、美术馆、综合文化中心（室）等公共文化设施数字化转型升级，健全线上与线下有机结合的公共文化服务体系，广泛开展订单式、菜单式服务，不断提升群众满意度。建立起线上线下相结合的信息共享平台、分布式数字资源库，利用数字技术为社会公众提供便捷服务。

二　传统文化产业数字化转型升级概况

湖南传统文化产业数字化转型有序推进。数字化转型是在数字科技的支撑引领下，以价值释放为核心，以数据赋能为主线，通过数据这一关键要素对全产业链的全要素进行数字化升级、转型和再造的过程。湖南传统文化产业数字化转型是数字技术与商业模式的深度融合，以商业模式变革提升全省文化产业运营效率和效益；用新兴数字技术重构文化产业业务与组织，创新性应用数字技术提供文化产品和服务，实现业务的线上化和数据化。湖南传统文化企业迫切需要新的发展模式与增长机会，而数字技术为传统文化企业转型升级带来新的希望和实现手段。但是传统文化企业数字化转型绝非一蹴而就，数字科技在何时、以何方式介入企业以及其融合深度和广度的把握，需要从技术与产业协同度、转型成本收益、企业战略、企业规模利润水平等多个方面进行综合考量和多方权衡。

湖南省进一步巩固提升传统优势文化产业，加快新闻出版业数字化转型发展，做大做强湘版图书战略品牌集群，构建集数字教育、数字物流、生态印刷于一体的具有国内外影响力的数字出版高地。以实施文化产业数字化战略为契机，积极推进传统文化产业，加快数字化转型，推动5G、大数据、云计算、物联网、区块链、人工智能等技术在传统文化产业领域的集成应用和创新。依托湖南文化品牌效应和内容优势，聚力打造"传媒湘军""网络湘军""出版湘军"，大力推动传统文化产业与物联网、移动互联网、云计算、大数据的深度融合创新。

近些年，湖南省在深入推进省管国有文化企业数字化转型方面取得了良好成效。推动湖南广播影视集团成为国内领先、具有国际影响力的大型媒体集团，以芒果TV为统一平台，打造基于互联网特别是移动互联网的网络广播电视台，实现旗下各网络媒体在资源共享、技术分发等方面的底层融合。打造湖南出版投资控股集团融合发展的主流数字媒体集群，支持红网搭建省、市、县三级开放共享云建设，构建集数字教育、数字物流、生态印刷为一体的具有国内外影响力的华文数字出版高地。以华声在线为平台，将湖南日报报业集团建设成在全国有重要影响的新型主流媒体集团，强化客户端"新湖南"作用，将其打造成有千万用户的主流移动新闻门户、权威观点引擎、聚合信息平台。加快推进"体坛+"移动互联网体育生态圈建设，依托体坛传媒的体育媒体品牌优势和用户资源，着力打造国内第一、全球一流的移动互联网体育资讯和服务平台。湖南正紧抓传统文化产业数字化转型这一重要契机，引领全省文化产业链向价值链高端迈进，推动产业链价值增值，完善湖南文化产业链共生发展生态，不断提升湖南文化产业链现代化水平。

三 产业融合发展的数字化趋向

湖南省积极开创文化产业新格局，持续深化文旅融合、科文融合。不断加快超高清视频与重点行业领域融合应用，积极推动长沙市高新区、马栏山视频文创园2个国家级文化和科技融合示范基地建设，大力推进文化与科技、旅游、制造业、体育、金融、商业、时尚等产业的深度融合发展，助力行业数字化、智慧化转型升级，推动文化与相关产业从"浅融合"走向"深融合"。

（一）文旅融合

湖南智慧文旅大数据中心平台建设不断完善，有力促进全省文旅工作提质增效。2020年6月，湖南文化旅游大数据中心揭牌，致力于"文旅＋大数据＋媒体"深度融合，对大数据进行多维度分类、检测、抓取和挖掘分析，出具报告并通过媒体发布，为湖南文化旅游市场提供大数据决策、整合媒体传播等一系列综合服务。2021年6月，湖南省文化和旅游厅指挥中心启用，以"一个中心、一个平台、N个应用"为建设架构，整合全省文旅资源，提高管理服务和决策化能力。省文游厅与湖南联通进行战略合作，在"5G＋智慧旅游"领域开展全面深度合作。积极利用5G、云计算、大数据、人工智能等新技术赋能湖南智慧旅游，展开湖南旅游景区信息化项目建设，完成了"智慧窑湾""周立波故居"等智慧文旅项目。与此同时，湖南省各市州文旅部门、重点景区、文化场馆和文保单位，加快推进信息化平台建设，沉淀和汇聚各类业务数据并与省级平台做好数据对接，持续推进湖南文旅大数据更具"智慧"，充分发挥智慧监管、数据分析与智慧服务中心功能。其中，郴州联通承建的郴州智慧文旅大数据平台获得了"国家文旅部优秀市级平台"称号。

"湖南公共文旅云"以省级综合服务平台为中心，向上对接国家文化云，向下连通各市州、县市区公共文旅服务平台，实现与各级公共图书馆、文化馆的数据打通，在全国率先实现全省公共数字文化服务网全覆盖。"行进中的湖南公共文旅云"等做法获得了湖南省政府以及文化和旅游部的肯定。疫情防控期间，湖南组织开展"艺抗疫情·云游湖南"主题活动，推出多个艺术门类群文作品供民众进行线上展示访问，推出网上读书、网上观展、网上观景、网上培训等在线公共文旅服务，让群众足不出户享受丰富文化生活，云游锦绣潇湘。湖湘文物数字化工程进一步推动了文物和旅游的深度融合，让文物活起来，助力全域旅游战略实施。张家界为旅游数字化转型提供理论和技术支撑，成为全国首个设立元宇宙研究中心的景区，实现旅游经济的数字化转型和全域旅游的高质量发展。

（二）科文融合

"科文融合"驱动马栏山视频文创园锻造"中国V谷"。2017年12月，马栏山视频文创产业园成立，聚焦"建设具有全球影响力的数字产业链基地和媒体融合新地标"这一宏伟目标，通过四年多的努力，长沙昔日最大的"城中村"，已然成为湖南省实施强省会战略的主战场和践行"三高四新"战略的主阵地。截至2021年，园区实现企业营收519亿元，税收30亿元，营收三年增幅达56%，累计新注册企业2266家，共聚集企业4286家。2022年上半年，园区克服宏观经济下行压力，实现企业营收268亿元，同比增长0.60%；实现企业税收19亿元，同比增长7.60%；完成固定资产投资40亿元，同比增长43%；完成重大项目投资38.50亿元，年度任务完成量过半。在科技部、中宣部对55家国家文化和科技融合示范基地评价中获得"优秀"等次（全国仅四家）。这一"成绩单"折射出园区四年来苦练内功的定力、努力与付出，使马栏山视频文创园成为勇立潮头的时代担当，为园区战略目标的早日实现奠定了坚实基础。园区深耕"文化+科技"发展路径，坚持视频技术研发和优质内容制作双轮驱动，"科文融合"锻造园区核心竞争力。通过"资源+政策+平台+服务"联动方式，持续完善园区综合服务管理平台，为园区企业提供新型公共基础服务，不断提升服务能力，加快湖南文化产业数字化高质量发展。

湖南省积极探索推动视频文创产业与制造业等其他产业的深度融合，推动视频科技与湖南工程机械、轨道交通、中小航空动力等优势产业协同开展技术创新和产品研发，以视频文创技术推动湖南制造业转向个性化和定制化的"软性制造"。以超高清视频内容制作为先导，培育产业链配套企业，壮大超高清视频产业集群，提升网络传输能力，加大行业推广应用，推动全省超高清视频产业快速发展。"中国V谷"马栏山视频文创园正成为集聚发展新高地，充分彰显数字科技和湖湘文化深度融合优势，不断释放湖南文化产业数字化发展新活力。

四　新产业新业态数字化成效

湖南省深入实施文化产业数字化战略，文化产业新业态发展动力强劲。中国《"十四五"文化产业发展规划》提出，顺应数字产业化和产业数字化发展趋势，深度应用5G、大数据、云计算、人工智能、超高清、物联网、虚拟现实、增强现实等技术，推动数字文化产业高质量发展，培育壮大线上演播、数字创意、数字艺术、数字娱乐、沉浸式体验等新型文化业态。随着数字经济的发展及湖南文化产业数字化战略的纵深推进，数字科技持续催生文化产业新产品与新场景应用，新型文化业态逐渐成为湖南文化产业越来越重要的组成部分，为文化强省战略提供了有效支撑。

市场需求和内容创新是新型文化业态的原动力和拉动力。湖南省以数字技术促进新型文化业态发展，兼顾文化内涵挖掘和科技手段创新并重，让科技研发和数字技术成为推动湖南文化产业高质量发展的重要支撑和关键抓手。借助数字科技，通过内容创作、技术集成与场景演绎，引领沉浸式实景体验项目发展，实现文化产品服务的消费变现。积极拓展重点应用场景，让新技术、新玩法、新体验更好地走近并融入公众生活，更好更多地满足广大人民群众在物质和精神上的双重需求。大力推进数字电影、网络游戏、数字音乐、数字出版、网络视听等业态发展，促进数字文化与社交电商、网络直播、短视频等在线新经济结合；推动电子竞技技术创新应用，促进数字内容、数字技术、数字经济、数字人才发展，推动湖南省成为国内电子竞技产业新的发展高地。

作为省文化产业数字化战略实施的重点之一，湖南省着眼于数字化集聚化，拓展产业发展"新空间"，充分发挥产业园区集聚效应，重点打造马栏山视频文创产业园，不断催生新型文化企业、文化业态、文化消费模式。"十四五"期末，湖南将着力把马栏山视频文创产业园打造成引领全省、示范全国的文化产业高地。支持马栏山视频文创产业园建设成为全国重要的数字视频产业聚集区、高科技展示区、现代服务业示范区。

支持建设湖南文创大数据中心、湖南广电节目生产基地、中南数字出版产业基地等项目。数字经济大潮下的马栏山视频文创园，催生出一大批数字经济新项目、新业态、新模式。依托湖南广电，充分发挥产业链、生态链优势，加快新型产业生态布局。坚持产业招商，重点招引科技支撑项目和链条头部企业入驻园区，持续做强视频文创主业，以新技术和新基建促进视频文创产业链的新形态培育。联合园区企业全力打造全国最大的 5G+4K 视频内容制作基地、云存储平台、版权交易平台，着力推动 5G、4K 和区块链技术融合创新，推动数字经济和实体经济深度融合，精心布局将园区打造成"中国 V 谷"。推动数字资产交易平台的上线，联合中广天择将"中国 V 链"锻造成为马栏山的平台经济和版权保护的亮点。链接园区内千余家内容生产企业和全国的内容产业链，创新数字媒体内容生产模式，切实解决数字资产确权难、产业协同难等一系列问题，让数字经济更加"可信、共享、均衡"，推动湖南数字文创产业发展。

作为敢为天下先的媒体湘军，湖南省纵深推进传统媒体与新媒体融合发展，在媒体融合之路上持续探索。近些年，湖南省不断叠加全媒体矩阵，进一步拓展主流媒体的新媒体平台，打造更加立体丰满的湖南媒体传播体系。湖南卫视、芒果超媒、芒果 TV、华声在线网站和新湖南客户端等板块营业收入及规模近年来不断增长、屡创新高。湖南卫视与芒果 TV"一体两翼，双核驱动"，打造独特的双平台驱动产业格局和媒体融合发展的"芒果模式"。湖南广电短视频平台"风芒"App 2021 年横空出世，已累计下载量超过 721 万次。截至 2022 年 7 月，新湖南客户端下载量超过 5000 万次；短视频内容运营平台"犇视频"App 于 2022 年 7 月上线，平台涨粉超百万，最大流量达 2.50 亿；华声在线网站覆盖面更宽广。2021 年 10 月，潇湘晨报向融媒体进军，晨视频 App 上线，营造互联网新关系、新生态和新玩法。红网不断探索创新发展，构建起红网网站、"时刻"新闻客户端、手机报、微博微信、电梯小屏和户外大屏等协同联动的综合传播体系。伴随着一系列媒体融合成果的取得，湖南媒体的实力、传播力、引导力、公信力和影响力呈现出不断上升的态势。

第二节　湖南省文化产业数字化存在的主要问题

近年来湖南省文化产业数字化发展加速，数字文化业态的产值呈现出井喷式增长态势。但因湖南省文化产业生态系统各层均存在薄弱环节，核心层的文化企业数字文化鸿沟明显、数字化转型困难，成为文化产业数字化的症结。支撑层的关键核心技术薄弱、数字化整合力度不够、政策支持类型单一，极大地限制了文化产业的数字化进程。环境层中信息基础设施建设缓慢、各市州之间发展不平衡，不利于湖南文化产业内部各系统的共生演化。

一　数字鸿沟明显，数字化转型进程缓慢

与发达地区的文化产业数字化发展相比，湖南省在关键技术创新和某些核心技术应用上仍有较大差距，需要借助科技比较优势，充分发挥市场竞争优势，才有可能实现后来居上的技术赶超，为数字文化产业发展夯实技术基础。诞生于互联网时代的文化企业，基本上都是数字化的"原住民"，对大多数传统文化企业来说，需要跨越数字鸿沟，争取成为"移民"，利用传统媒体弥补新兴媒体的内容把关不足，利用新兴媒体弥补传统媒体的互动性不强，形成两者之间的优势互补，在数字艺术和文字内容上突破创新性、产品的卓越性和精致性的不足。湖南虽然互联网企业数量较多，但规模偏小，自动化、信息化、专业化水平较低，数字转型难度大，数字化改造任重道远。

2020年湖南省信息化发展指数仅位列全国第十五位，在全国31个省、自治区、直辖市中排名靠后，位于中下游。信息基础设施建设还有待增强，互联网带宽还不足以满足现阶段以及未来湖南布局大数据、智能化、移动互联网、云计算的需要。移动互联网服务能力不足，城市主城区公共区域还无法实现无线局域网（Wi-Fi）免费全覆盖。中小城市和乡村基础网络宽带光纤化改造还不完善。网络信息技术应用水平不高，这些都制约了数字文化产业的促进力度。

湖南产业互联网生态建设较为缓慢，行业覆盖面、功能完整性、模型组件丰富性等方面相对滞后。大多数中小企业数字化水平低，网络化、智能化基础薄弱，尽管有强烈的愿望，但受传统业务布局、产品与服务内容和技术应用、人力投入、资金成本等现实条件约束，普遍面临不会转、不能转、不敢转、不愿转等难题，大中小企业间的数字鸿沟十分明显。龙头企业仍以内部综合集成为主入口开展工业互联网建设，产业链间业务协同并不理想，平台针对用户、数据、制造能力等资源社会化开放的程度普遍不高，导致了湖南数字化转型进程缓慢。

二　发展动能断档，数字化整合力度不够

湖南是文化资源大省，但并不是文化资源强省。这些丰富的文化资源目前还没有转化成产业发展的优势。2021年《中国文化产业发展指数报告》（CCIDI）从综合指数来看，湖南未进前十；2021年《中国文化产业高质量发展指数》中，北京、广东、浙江、上海稳居前四名，湖南排名十二；2020年《中国数字经济发展指数（DEDI）》中，2020年中国数字经济发展指数平均值为29.60，湖南得分29.40位列全国第二梯队，低于全国平均水平。相比第一梯队的广东（65.30）、北京（55.0）、江苏（52.20）以及第二梯队的河南（35）、湖北（32.50）等省市还有一定差距。其主要原因就在于湖南数字文化资源不足，数字文化产品缺少创意和科技含量，尖端化、高端化不够，导致新兴文化产业发展滞后，信息数字化和互联网络技术对传统文化产业改造和提升的效果不明显，还没有产生化学反应。

湖南省5G高新视频产业还处于萌芽期，其从成长、成熟到稳定产出尚需周期性发展过程，目前经济效益尚不明显。重点建设中的5G实验室等科研机构尚处于发展起步阶段，在短期内还难以实现核心产品的大规模市场化应用，且未能与湖南工程机械、轨道交通装备、航空动力等核心产业形成融合发展态势，结合长沙国家中心城市建设促进自身跨越式发展的意识缺乏，更不足以实现资源整合、建立全产业链集群实现自身价值增长与产值扩大。

湖南省的岳麓山和马栏山，前者的科技、人才资源和后者的内容生产优势，可融合的点面较多，但目前"两山"还未形成强强联合之势，湖南大学的超级计算机中心、国防科技大学的计算机与军民融合研究机构等科技资源优势在视频生产领域未能充分发挥。

三　企业盈利模式不明确，各市州缺乏区域协同效应

湖南省文化产业的优势行业仍聚焦于广电、出版等领域，数字文化产业虽具活力，却没有在新兴的数字阅读、网络直播、VR等领域抢占产业高地，整体实力不强，且缺乏具有核心影响力的品牌供给。尽管传统优势动漫、出版等行业早已开始数字化布局，但在实现过程中仍然存在着文化内容单薄、缺乏原创与同质化等问题。作为湖南数字出版翘楚代表的中南出版传媒集团，2021年新湖南客户端下载用户超过3980万户，但与咪咕数媒、天翼阅读等累计用户超过10亿的数字阅读用户相比，相距甚远。

马栏山视频文创产业主要集中在高门槛长视频、动漫、数字出版等传统产业，缺乏对不断涌现的AI、AR/VR、5G等新技术新应用新业态的深耕，没有很好地把握数字经济发展趋势和构建视频文创、文化大数据等具有全球竞争力的硬核主导产业集群，上下游产业链条较短，产业结构单一，持续推动"固链—补链—强链"后劲不足，缺少"现象级"的内容产品。2021年上半年马栏山视频文创园数字规模以上互联网和软件信息技术服务企业营业收入1.48亿元，同比下降11.60%，园区数字经济发展基础有待进一步提高。

湖南省各市州经济水平差异较大，科技与文化发达程度各异，实现数字文化产品的跨区域协同生产还有一定难度，尚未形成有效的梯度承接与保障。目前国家文化和科技融合示范基地总共85家，湖南省进入集聚类的有3家，单体类的只有1家，分别是马栏山视频文创产业园国家文化和科技融合示范基地、长沙国家级文化和科技融合示范基地、湖南怀化文化（广告）创意产业园国家文化和科技融合示范基地及湖南明和光电设备有限公司国家文化和科技融合示范基地，其中3家在长沙，陷入了长沙一家独大的局面。不同地区和城乡之间文化产业数字化进程的差别导致了文化产业数字化的空间分异，数字化成果覆盖面不足，限制了数字文化产品的受众范围和市场空间，降低了文化产业数字化的动力。

四　政府投入明显不足，政策工具类型单一

一是创意开发资金供给不充分，政府政策扶持不足。目前外资和民

间资本进入文化产业领域的路径还不是很畅通，政府财政支持文化产业数字化发展的"真金白银"较少。仅有的几项政策配套资金支持也难以精准投入，核心产品线全面铺开对资金的持续需求也难以单靠财政资金满足，亟待成立或用好相应产业基金，整合资金、技术等关键资源，分层次、有重点地参与市场化运作，支持产业链核心企业做大做强。此外，政府已出台的政策法规未能对文化产业数字化进程中的融资问题做出清晰而富有操作性的规定，致使融资风险加剧。

二是优质要素供给不充分，配套建设不完善。湖南头部企业不足，创业环境、薪资待遇相比北上广深差距明显，存在培养一批走一批的现象，而现有文化产业数字化领域从业人员专业素质参差不齐，专攻数字技术与文化产业的人才欠缺，无法引导文化产业未来时期、更高水平的数字化发展，难以形成强大的智力支撑。数字新基建是文化资源数据开发利用的重要基石，然而目前由于政府宏观调控不足、"数字基建"投资风险较大等原因，现有的新型数字基础设施还存在不平衡、不充分等问题，截至2022年6月末，湖南累计建成移动通信基站38.80万个，位居全国第八位，其中5G基站60313个，占比15.54%，低于全国5G基站（17.90%）平均占比。湖南移动网络IPv6流量占比较低，截至2021年12月底，我国国内网民使用频度较高的200款移动应用程序（App）均支持IPv6访问，平均IPv6流量占比达52.89%，其中87款App的IPv6流量占比超过65%，而湖南竟无一款App上榜。

三是消费环节政策工具数量不足，创新水平有待提升。消费是带动新型产业出现和发展的原活力，是产业所有阶段的主要利益来源。目前湖南数字文化需求与数字文化产品的匹配还存在一定距离；数字文化市场中同质化、低层次产品和服务过多，缺少品质高端、体验多元、创意独特的文化产品，难以满足人们多层次、多样化文化消费需求；区域、城乡数字文化消费发展不均衡；适合老年人、残障人士等群体的数字文化产品研发不足。此外，数字文化产品或服务的版权保护力度不足，海量低廉盗版文化产品挤占互联网消费市场，数字文化产品的创新界限模糊，缺乏长期有效的数字文化知识产权全链条治理体制机制。

第三节　湖南省文化产业数字化对策建议

文化资源的产业数字化是文化产业转型发展的基础性工程。湖南省需要加强数字化认知，做好数字化发展谋划，完善政策供给；推进数字新基建，活化地域文化资源，加强数字技术赋能，引导企业数字化转型，拓展内容产业；搭平台促集聚，加强龙头引领，构建多元融合创新生态，以及提供人才要素保障。

一　政府精准施策，强化制度引领和优化顶层设计

湖南省文化产业数字化缺少总体发展规划，相关规划中没有详细要求。文化企业理念跟不上数字技术发展，对数字化不够敏感，各市州因文化产业特质性和分量比重的重视度不够，财政支持力度不足，由此湖南必须加强规划引领，统筹布局。

（一）强化数字化认知、制定数字化发展规划

实施文化产业数字化战略，贯彻《文化和旅游部关于推动数字文化产业高质量发展的意见》纲领，按照湖南"十四五"规划提出"培育发展新型文化业态，构建数字视频全产业链"要求，加快制定文化产业数字化发展规划，统筹布局，确定数字化发展重点。

围绕产业链部署创新链，围绕创新链布局产业链，促进产业链和创新链精准对接。规划产业链内容，推进文化产业跨界联姻。聚焦数字出版、数字文博会展、数字文创、影视演艺娱乐、数字文旅、数字文化装备等领域，补足数字化发展短板。充分利用地域文化资源优势，扶持和培育多元化的市场主体群，实行文化差异化发展，形成多元化、多主体、重文化生态的特色文化创意产业链。引导传统文化产业模式创新，推动文化产业精品内容多元化衍生，通过平台经营和合作服务的方式推进运营模式转型，剖解文化市场主体的数字化转型困境。推进数字文化产业细分，推动数字文化产业价值链的延伸与拓展。

（二）完善与优化政策供给

全面推进湖南省数字文化产业发展的治理体系和治理能力现代化，将数字技术转化为数字思维，提升数字创新的治理能力，剖解园区行政

与行政辖区及主管部门的体制机制不畅，实现园区多级共建共管，推进资源协同，形成多重政策叠加效应。协调各市州数字化推进进度与布局不平衡，建立高效完备的激励机制，引导市州依据文化产业发展定位，选择数字化策略，出台针对性政策。

完善对数字文化企业的科技创新扶持政策，设立专项资金。建立促进新型文化业态发展的专项基金。改革税收政策，帮助解决传统文化企业数字化改造升级面临着的资金筹集困难和收益周期延长的问题。围绕培育数字化生态链、加速创新链、赋能供应链、提升价值链、重整产业链、延伸消费链，对重点领域和重要项目给予政策倾斜，增加企业科研项目和经费投入。对具有一定发展规模和发展优势的数字文化企业给予补助，引导和扶持创业初期、小型企业，技术创新项目给予资助。构建数字文化产业科技创新型企业的阶梯式培育体系，助推该领域的发展团队梯次成长，引导传统的文化企业通过科技创新进行数字化转型。

二　加强技术赋能，引导企业数字化转型

湖南省文化企业缺乏具有核心影响力的品牌供给，动漫、出版等行业优势下沉、内容单薄、缺乏原创与同质化等问题。需要基于数字基建，数字与文化跨界联姻，拓展特色内容产业。

（一）推进数字新基建，支撑文化产业数字化新发展

依托湖南省电信的 5G 核心网扩容、广电的 5G 智慧云、捷高数字的 5G 视频芯片模组研发智造、湖南大学可控云计算平台、超高清视频智能多云端平台、智能算法创新平台、区块链赋能元宇宙沉浸式数字化平台等项目落地，推进文化新基建，建设规模化 5G 网络，构建广电 5G 互联网枢纽。将国家文化大数据体系建设纳入"新基建"（启动），建设行业通用数据中心、云平台等，完善数字文化产业"云、网、端"基础设施建设，打造大数据支撑、网络化传播、智能化应用的数字化产业链体系。推动文化市场主体主动融入数字新基建，夯实数字文化产业技术底座。

围绕打造"中国 V 谷"，集聚形成类似武汉"光谷"、合肥"声谷"等的一批技术支撑的文化 IT 与智能光电设备龙头企业，支持湖南省以芒果 TV 为领头的媒体企业开拓领域，引领开发最先进的互动网络和数字娱乐技术，加强广播电视、电影娱乐、出版发行等重点数字文化产业领域基础技术、关键技术和共性技术研发，在裸眼 3D、全息影像、异形屏、CG 特效等技术领域要有自己的一席之地，加快虚拟现实、交互娱乐引擎开发、文化资源数字化处理等核心技术的突破。提升数字文化装备产业实力，支持研发引领新型文化消费的可穿戴设备、智能硬件、沉浸式体验平台、应用软件，力求在视听内容生产、影视后期等领域的软硬件、标准垄断。围绕数字文化发展重大需求，建立文化相关重点实验室、工程技术研究中心，整合资源，协同攻关。

（二）推进数字与文化跨界联姻

推进数字文化产业与新的关键技术成果融合，丰富新技术应用场景，推动数字文化产品生产向智能制作、虚拟交互、云平台和全产业链质量大数据控制转型。发挥文旅部"数字文化创意与智能设计技术重点实验室"落户湖南省等优势，加快数智化转型共性技术、关键技术研发应用，支持拓维信息、天舟文化、明和光电设备等文化与科技融合企业，引导文化企业向数字科技、创意设计、文旅新业态方向发展。鼓励华为等科技型企业拓展业务，提供文化类产品与服务。运用新兴媒介技术，打造镶嵌式文创。以新一代数字技术拓展传统文化产业的边界，延伸文化产业链，形成新产品、新业态。通过数字技术精益分工，推动文化产业精品内容多元化衍生，实现影视、动漫、出版、听书等多业态领域全链开发，支持文化产业的 IP 开发。

引导文化产业推进管理流程数字化再造与商业模式数字化升级。推动湖南省文化旅游大数据中心建设，强化"文旅＋大数据＋媒体"深度融合，依托省文游厅与湖南联通在"5G＋智慧旅游"合作项目，推进文化馆、博物馆、旅游景区借助 5G 技术实现数字化、网络化、智能化融合，加速文化资源打包上"云"，进行云游、云播、云演，加速数字化沉浸式文化体验，转型为"上云用数赋智"的数字文化产业。鼓励交流直播电商创新，拓展文化产业边界。

（三）活化地域文化资源拓展内容产业

依托国家文化大数据体系建设，建设系统的文化资源数据库，整合分散在各系统的文化资源，将住建部门的古村落文化资源、文博系统的民间文化资源、文化和旅游部门的文化资源等聚合起来。

加大数字化资源的开发力度，深挖湖湘优秀传统文化、红色文化，激活文化资源的活力，将文化资源优势转化为文化数据要素。实施数字内容创新发展战略，深度挖掘文化数据要素，推动特色文化资源的生产、再造、传播以及消费。推进传统文化资源，创造性转化、创新性发展尤其是数字化改造，创造更多数智化产品。特别重视历史文化资源的利用转化，针对非遗、文物古迹和民间技艺等文化遗产的保护与开发所进行的数字化建设和文创产品开发。

实施文化精品数字化工程，引导优秀文化资源与关键数字技术链接，支持传统文化与数字文化融合的优质原创 IP，形成一批基于湖湘文化元素、特色鲜明的文创品牌。推进数字化博物馆建设，运用数字化打造体验性"非遗"项目，利用 VR 技术搭建"非遗"体验空间，展示民间艺术、民俗节日、民间故事、民间的体育项目、音乐和茶道等项目。依托市州（如怀化文创产业园）探索"地域资源＋文化科技"的特色创新之路，与乡村振兴深度融合，将民族工艺与乡村农产品数字化、数据化，形成独特的数字产品。

三　强化生态融合共生，发挥文化产业领军企业的产业链链长优势

湖南省文创产业相对分散，对新技术新应用新业态关注不够，头部企业跨界融合不足，拓展方向不明确，产业链短、结构单一，"现象级"内容产品少。必须加强产业园区建设、平台搭建、龙头打造，促进范式改变、多元融合、形成创新生态。

（一）促进产业集聚与建设特色文化产业园区

创建特色数字文化产业园区，引导数字文化企业集聚发展。围绕补链延链壮链，推行"有核无边"地拓展产业融合，培育新型文化业态产业集群，促使供应链合作伙伴深度融合，形成产业发展共同体。

支持马栏山视频产业园建设，推进马栏山国家文化与科技融合示范基地、全国版权示范园区（基地）、国家级文化产业示范园区创建，打造"中国 V 谷"。建立数字文化装备产业集聚平台，推进数智"文化＋"设备及应用开发，吸引文化科技企业落户，广泛聚集各种专业化资源。支持草花互动等湖南头部游戏公司应产业链上下游协同发展需要，完善资源配套，打造数字文化产业园，促进产业服务平台建设与运营、推进团队项目孵化等。依托怀化文化（广告）创意产业园等地方园区载体，面

向乡村振兴、数字文化、文旅融合等重大国家战略。

促进文化产业园区与湖南高校资源合作，以产学研融合助推文化科技融合。推动岳麓山大科城与马栏山视频文创园"两山"协同、融合发展。依托重大科技项目，联动国家超算长沙中心、马栏山计算媒体研究院、区块链技术应用研究院、下一代互联网宽带应用国家工程实验室等研发平台，整合资源，在文化产业领域应用关键核心技术领域开展联合攻关，推进文化产业技术链、产业链、价值链创新。

（二）搭建文化产业数字化资源平台

发挥数据生产要素的价值和作用，推动产业数据资产化，结合湖南省新基建和智慧城市、数字乡村建设，实施数字博物馆、数字图书馆等数字文化场馆建设工程，打通"数字化采集—网络化传输—智能化计算"数字链条，构建以"数据+算力+算法+场景"为支撑点的文化大数据服务中心和出版业知识服务云平台。打造区域性、综合性的大数据交易流通和展示交流的大数据枢纽平台，为文化产业数字化转型、数字文化产业发展提供云服务。通过文化消费云终端与文化创意产业云平台，实现文化大数据电视检索、查询云端平台供给，促进对文化数据要素进行文化创意产品开发，实现云交易。通过数字文化资源共享平台建设，推进文化产业资源的数字化进程，生成数字化文化资源信息库。

推动数字平台的发展创新，建设线上线下互补与融合的数字文化产业信息、知识和技术服务平台，为市场主体提供互联网众创、智能化生产、网络化协同和个性化定制服务。加强数字平台企业、主管部门以及用户之间的合作，保证文化产业生态系统的可持续发展。

（三）促进文化产业数字化多元融合

加强数字文化产业与数字技术深度融合，打破数字文化产品的界限，打破产业壁垒，实现文化产业全链条的跨界升级。推动文化产业线上与线下的跨界融合，促使价值链延伸、拓展与提升。

引导"媒体+文创"融合，支持主流新媒介互动推广文化模式，对传统文化企业进行新媒体平台拓展，对文化产品与服务进行全方位创新。创建网络文化创作平台，大力发展网络文艺。促进数字文化企业推出适配各种智能终端和传播平台的产品形态与作品形式，实现"技术+平台+内容"数字文化服务现代化。

促进文化产业内部行业之间融合渗透，实现数字文化产业链协同与延伸。推进传统文化深度镶嵌到游戏、音乐、动漫等产业中，催生出一批新型的文化产业，丰富数字文化内容。引导数字动漫企业、网络视频企业、网络游戏企业等各种数字文化企业加强合作与交流，内部资源整合，实现优势互补，实现数字文化产业市场主体多元化发展。推进数智化文化产业与旅游业、农业、制造业融合发展，促进数智化文化产品与社交电商、网络直播、短视频等在线新经济结合。

（四）打造龙头企业，构建数字文化产业创新生态

打造数字文化龙头企业，培育一批具有较强核心竞争力的大型数字文化企业，引导互联网及其他领域龙头企业布局数字文化产业，形成具有国内国际竞争力的产业规模和中高端创意的数字文化产品。围绕"新技术、新业态、新模式"，培育一批垂直细分领域的领军企业。

支持龙头科技文化企业，拓展生态、整合资源，完善产业链、供应链配套，全面统筹布局，集合优势力量，抢占新经济发展制高点。鼓励龙头企业建设信息共享及公共服务平台，搭建内容合作平台，鼓励相关创新主体积极投入打造新场景建设项目中去，聚合优势资源形成闭环，打造具有黏性的全产业生态系统。

加强产业技术生态体系构建，催生新的文化业态、延伸文化产业链，打造大数据支撑、网络化共享、智能化协作的文化产业链体系。增加区域协同，化解文化生产生态系统失衡。建构数字内容生产的价值共创生态，完善数字劳动的利益共享机制，推行去中心化的生产内容共创新机制，推行分布式众筹模式为内容创新提供动力，激发价值创造活力。完善创新创业服务体系，推进数字文化产业创新创业。通过数字技术将众多的文化创客通过网络进行泛在式链接，形成灵活独特而又柔性的组织。通过发展创业投资、政府购买服务、众筹试点等多种模式促进成果转化和创新创业。完善专利转化运用平台等中介服务体系，推进高新科技成果在文化产业领域的集成与应用。

四 加大人才培养，提高文化产业数字化发展的要素保障

湖南龙头企业不足，创业环境欠佳，导致无法集聚优秀高端人才等高级生产要素，必须把技术和人才作为文化产业和数字技术融合的核心，

创新人才培育与人才管理方式，加强产权保护。

（一）创新人才培育与优化人才管理方式

加大对数字文化产业领域科技领军人才和团队的引进力度，加快培育数字文化产业专业型和复合型人才。创新人才培养模式，打造多层次的人才培养体系。依托国家文化人才培训基地和相关高校加强数字文化产业人才培养，引导高校加快建设文化产业重点专业和学科，开设与新型文化业态相关的专业。鼓励产教融合，支持高校、中职学校、数字文化企业联合办学，在重点产业园设置培训基地、实训基地。支持办好马栏山新媒体学院，推进产学研合作。借鉴中广天择传媒学院等成功经验，推动文化产业龙头企业与高校联合办学。通过引进国际知名数字文化企业，为相关人才提供更多学习、就业机会，以培养更多管理型、经营型及技术型人才。

加快创建人才管理机制，强化文化与科技融合，催生新业态、延伸产业链，从而集聚创新人才。给予数字文化领域创新项目以及重大课题积极支持，借助龙头企业、重点高校和科研机构，推进数字文化产业理论研究和创新实践，形成一批专家智库。加大以成果转化、项目落地等方式柔性引才力度。完善用人机制，完善人员分配制度、激励制度、约束机制、流动配置机制等，突出导向管理、思维创新和实务培养。利用"互联网＋"文化产业普及与大数据云平台发展所打破的人才、资金、资源的地域限制，使要素在数字文化产业空间链中能够得到新的组合、延展、创新和优化集聚。

（二）注重数字安全与加强数字产权保护

防范跨境数据流动带来的国家信息安全问题。对非公开性的内容给予最大限度的法律保护。加强数字文化新兴业态的知识产权保护，根据数字文化产业内涵的不断延伸和扩展，及时调整和完善现有数字文化产业方面的法律法规，逐步建立起覆盖数字文化产业领域的法律体系。

完善监管机制，优化数字文化产业市场环境，探索构建基于政府、企业及科研平台等多元化的主体协同合作的服务治理模式。提升数字创新的治理能力，建立高效完备的激励机制。建立版权协同治理机制。建立司法、行政、技术和标准相结合的数字文化知识产权保护体系，打击数字文化领域盗版侵权行为，规范版权交易市场，促进信用体系建设。

基于区块链智能合约和非对称加密等优势,推行数字知识产权"前置保护"新模式,提高版权保护便捷性与维权效率,化解数字出版的信任危机。

[课题组组长:贺培育,湖南省社会科学院(省政府发展研究中心)党组成员、副院长、副主任,研究员;课题组成员:林杰辉、王凡、曹前满]

行业对策篇

第五章

后疫情时代湖南文化旅游经济加快复苏与高质量发展对策研究[①]

湖南省第十二次党代会报告提出"实施全域旅游战略，建设世界知名旅游目的地"的奋斗目标。湖南省委书记张庆伟强调："通过'立标、打样'引领旅游产业全面发展、整体提升，加快建设世界知名旅游目的地。"当前湖南省文化旅游发展挑战与机遇并存。一方面，受新冠疫情等不利因素叠加影响，文旅产业发展整体低迷，一度出现断崖式下滑；另一方面，红色旅游、乡村旅游、城市露营、沉浸体验、夜间旅游等新业态不断涌现，彰显湖南省文化旅游产业实力强、底盘稳，具有强大韧性和巨大潜能。为贯彻落实习近平总书记对统筹做好疫情防控与经济社会发展的总体要求，利用湖南召开首届旅游发展大会的契机，湖南省社会科学院院长钟君率领专家团队，围绕全省文旅资源、政策、项目及兄弟省份相关经验等开展了为期3个月的调研，多次组织座谈，深入分析发掘文旅产业发展的新方向、新态势、新机遇，力争在危机中把握新机、于变局中开创新局，以期服务构建新发展格局，为后疫情时代湖南文旅经济加快复苏与高质量发展探索希望之路。

[①] 本章系2022年度湖南省社会科学基金重大项目《文化强省建设研究》（22ZDA016）的阶段性研究成果。

第一节　疫情冲击下文旅创新展现强劲韧性和发展潜力

2022年2月以来，受新冠疫情等叠加影响，湖南省文化旅游发展一度步入"冰河期"，但红色旅游、沉浸体验等新业态却不断涌现。2022年端午节期间旅游收入明显好于"五一"假期，整体呈明显"回暖"势头，湖南省文化旅游产业实力强、底盘稳，长期向好的基本面没有变，具有强大韧性和巨大潜能，产业发展方向和态势呈现五个新特点。

（一）红色旅游方兴未艾

红色旅游取得了重大新发展。一是精品线路再升级。新开辟了"伟人故里·红色潇湘路""不忘初心·重走长征路""首倡之地·乡村振兴之旅"等精品红色旅游线路，串联起全省红色旅游资源圈。全国首条红色旅游铁路专线韶山至井冈山铁路新开通，将韶山和井冈山两个红色圣地紧密相连。二是数字转型再提速。"清廉湖南红色文旅"电子地图已上线，电子地图录入全省A级以上景区522个，包括国家级红色文旅经典景区33家，以全方位、多角度、重焦距的立体式地图形式展现湖南重要党史人物、党史事件、红色景区。三是融合创新再提质。以建设"两园、两馆、一路"为抓手，深入推进湘赣边红色文化旅游融合发展创新区建设，以长株潭红色旅游直通车串联起三市主要红色景区。2021年湖南省红色旅游热度位列全国第二，2022年以来湖南重点红色旅游景区景点人气依然火爆。

（二）乡村旅游掀起热潮

全省掀起大力推进乡村振兴战略、发展乡村旅游的热潮。一是"送客入村"添人气。鼓励旅行社积极参与乡村振兴，输送更多游客体验神韵大湘西、神奇大湘东精品线路之旅。2021年共有301家旅行社在大湘西、大湘东13条精品线路发团34118次，精准送达特色村镇游客131.78万人。二是"平台建设"添智慧。"湖南精品线路云平台"不断完善，已集中展示推介689个特色村镇文化和旅游数字化资源。湖南日报文旅集团与浙江千村万红科技有限公司签约，共同建设湖南乡村振兴文旅综合服务平台。三是"节会打造"添新能。各市州积极举办乡村文旅节会活动，为文旅发展注入新动能。2022年5月在永州市江永县举办的湖南省（春季）乡村文化旅游节吸引湖南中惠旅、深圳艾莉珠宝等15家企业投资签约，投资意向金额达38.35亿元。

（三）城市露营蔚然成风

短途露营替代出国旅游，满足了疫情防控下城市人群的出行需求，成为新的旅游风尚。一是露营企业快速扩张。湖南省注册露营企业数已超过1000家，仅2021年就新增露营企业539家。二是露营地建设数量持续增长。湖南省积极推动露营地高标准建设，目前已建成200多个高标准自驾车房车营地。三是露营消费井喷式升温。2022年"五一"假期湖南露营用户增幅较大，同比假期前一周最高涨幅达3倍。长沙上榜全国露营活动热门城市TOP10，位列第四。

（四）沉浸旅游深受青睐

沉浸式体验延伸酒店、民宿、景区、古镇、古村落、剧院、文化体验园等各种文旅场景中，建设势头正旺。一是沉浸旅游做深"网红城市"标签。超级文和友领衔的沉浸式餐饮、湖湘美学5D幻境时光体验剧场《橘洲·江天暮雪》领衔的沉浸式演艺、方特国潮造物社领衔的沉浸式非遗研学等，使长沙"网红城市"形象更深入人心。张家界、韶山、南岳等受益于沉浸旅游发展，正成为全国具有较高人气的新网红地。二是沉浸旅游成为疫下旅游突围奇兵。沉浸旅游让张家界市、洪江市、常德桃花源等旅游目的地再度"出圈"。张家界的多空间重度沉浸式演艺秀《遇见大庸》、洪江特色的"桐油花开"沉浸式夜游演出以及常德的古风沉浸式秦谷体验游等，吸引大量游客慕名而来。三是沉浸式旅游提振行业信心活力。2022年元旦跨年夜，《最忆韶山冲》15秒精彩片段在长沙国金街9号入口处大屏上轮播，吸引大量游客为这部剧奔赴韶山。2022年元旦期间韶山接待游客4.369万人次，实现旅游综合收入1300万元。

（五）夜间旅游点亮消费

夜间旅游发展迈上新台阶，成为扩展消费的利器。一是夜间文化和旅游消费集聚区建设有突破。长沙市五一商圈、长沙市阳光壹佰凤凰街、湘西土家族苗族自治州凤凰古城旅游区、湘西土家族苗族自治州芙蓉镇景区四地入选2021年文化和旅游部公布的第一批国家级夜间文化和旅游消费集聚区名单。二是夜间旅游推动文化旅游产业韧性有提升。在旅游总人数下降的情况下，2022年第一季度湖南省一些地市夜间旅游得到快速发展，人均消费和过夜游客人数逆向增加。如常德市过夜游客人数增长达12.54%，位居全省第一。三是夜间旅游激发文化旅游产业复苏进程有加快。2022年5月长沙夜经济迅速恢复，"郴州八点半·北湖不夜天""南岳七点半""夜游岳阳楼""湘西璀璨夜间民俗集市"等夜游活动纷至沓来，民众消费热情再度被点燃。

第二节 制约文旅加快复苏与高质量发展的瓶颈制约

受新冠疫情和乌克兰危机叠加影响，湖南省文化旅游发展面临的需求收缩、供给冲击、预期转弱"三重压力"日益凸显。国内旅游暂停键与重启键交替按起，入境游进入"冰期"，国内游、跨省游间或"熔断"，旅游人次和旅游收入经历着"过山车"式的刺激曲线。产业发展整体态势低迷，统计显示，2022年第一季度湖南省国内旅游总人次为7388.66万人次，同比下降21.29%，国内旅游总收入为1102.91亿元，同比下降23.89%，复苏面临诸多瓶颈压制。

一 产品供需不畅，难使游客"心花怒放"

一是规模以上企业不多，产品品牌示范消费效应发挥不明显。目前湖南省尚无一家文旅企业进入全国前30强，成长型的中小文化旅游企业和年营业收入2000万元左右的小微型文化企业较少。不少旅游项目开发程式化、浅表化、同质化，具有全国标杆效应的旅游产品供给缺口大，难以满足游客高端化、个性化、品质化的需求。如张家界主打产品仍以自然观光为主，人文旅游缺乏亮点、短板明显，高星级旅游酒店远不能满足增长的市场需要。二是"二次消费"项目亮点少，文旅产业链不完善。湖南省多数旅游景区仍以门票经济为主，二次消费整体较差。如湘赣边缺乏全国叫得响的红色文旅品牌，大湘西地区民俗文化、南岳衡山福寿文化等普遍存在"二次消费"项目数量不多、质量不高、体验不优的问题。三是文旅管理机制及景区盈利模式创新不够。湖南省旅游行业创新不足、业务单一，普遍处于小、弱、散状态，基层管理者和从业人员创新意识和服务能力难以满足当前"互联网+"业态发展新浪潮的需要，疫情防控也对文旅管理部门和景点景区处理解决危机事件的应急能力提出更高要求。

二 数字营销不够，难引游客"怦然心动"

一是营销策略相对落后。近年来，线上订票、线上旅行社平台火爆，给景区带来高流量曝光，这将成为传播销售新常态。但省内许多城市仍主要依靠传统媒介单向传播旅游品牌，借助互联网新媒体实现"叫好又叫座"的案例不多，湖南省迈入中国城市品牌传播指数百强市的仅长沙、岳阳，在中部地区垫底，与成都、西安等地有较大差距。二是品牌传播缺少"用户思维"。旅游品牌与消费者亲密互动不够，未能充分运用年轻人喜爱的表达方式，不了解"Z世代"群体需求，很少运用沉浸式体验推广。2022年4月景区品牌短视频影响力100强榜单，湖南只有三家入选，省内网红景点凤凰古城、张家界等均榜上无名，桃花源、梅山龙宫等在热门社媒上反应寥寥。三是沉浸式场景推广不力。文旅智慧数字化平台缺乏分析预测大数据功能，无法为管理决策部门、企业提供数据支撑，不能为消费者提供个性化、可视化服务，平台作用难以发挥，难以适应文化旅游业从传统走马观花式体验向全景式听、视、嗅、触觉交互深度体验转变的发展新趋势。

三 服务创新不足，难与游客"同频共振"

一是提前研判市场需求变化、主动转变旅游发展方式的统筹研究还不足。受疫情影响，旅游出行意愿降低，入境游、出境游市场短期内难以恢复。疫情冲击下，人们大幅缩短行程，更多临时性旅游消费，两周以上的深度旅游占比大量减少，从传统的"景区+"游乐模式转变为"酒店+"的度假休闲模式，以酒店为核心拓展露营、烧烤、萌宠、戏水等游乐项目。亟待根据消费新趋势，快速响应市场新需求，有针对性地出台一揽子刺激引导新型文旅消费的政策措施。二是提前分析消费者心理、主动引领顺应消费者文旅消费观念转变的统筹谋划还不足。疫情通过影响人们的生活观念，直接推动消费观念、消费方式的深刻变革，推动健康旅游需求、家庭旅游需求的整体提升。相关调查显示，64%的受访者只想参加一家一团旅行，超过60%的受访者愿意重复前往同一目的地，48%的受访者需专业讲解人文旅行，私密出行、小团出行、定制出行等消费新需求占比进一步提升，传统旅游大巴团占比减少，但省内文旅企业针对上述变化所做的转型升级、设施改进等准备明显不足。三是及时响应行业发展新趋势、加快转变管理服务理念的统筹部署还不够。个性化、定制化的消费需求必然对文旅企业和从业人员服务品质及能力提出更高的要求，亟待更新管理理念，加强从业人员培训，加大对住宿出行、餐饮卫生、安全应急等领域的投入，通过完善硬件设施、提升服务能力，打造更多湖南版的新疆新东方快车等爆款小众高端产品，带动湖南省文旅产业快速恢复增长。

第三节 文旅加快复苏与高质量发展的应对之策

一 示范引领：树立标杆，办好旅游发展大会

第一，立标打样，"群雁高飞头雁领"。一是基础设施建设给予支持。围绕"办一次会、兴一座城"，支持举办地推进城市道路和老旧小区改造提升，提质改造农村道路，推进美丽乡村点建设，使老旧村庄、传统村落重现古韵新貌。二是重点项目给予倾斜。支持承办地以核心景区为拉动，沿线旅游景观为要素，建设全域旅游示范片区。支持特色小镇和美丽乡村建设，把大会线路串联起来，围绕吃、住、行、游、购、娱等旅游要素打造精品项目。三是放大旅发效应。借助举办旅发大会机遇，集中出台"双招双引"、营商环境、公共服务等政策措施，提升城市对人才、投资的吸引力。

第二，联动发展，"众人拾柴火焰高"。一是高位推动。强化顶层设计，借鉴黑龙江、河北等省的成功经验，总结湖南省旅发大会筹备举办的做法建设长效机制，省领导带头推动，各级党政及基层干部和人民群众齐动员、齐上阵，采取超常规措施推进各项工作落地。二是协力推动。强化省直部门与承办地城市协调配合，建立上下联动机制。建议省直部门和省属有关企业尽快落实支持首届旅发大会的项目和资金。三是融合推动。鼓励、引导全省其他有关文旅的展览、博览，如节庆活动、珠宝奇石、民族民俗、非遗传承、文体装备等各类会展，将资源、项目、人气集中向旅发大会承办地汇集。

第三，做好乘法，"一业兴带百业旺"。一是促进产业链延伸。推动旅游业产业链向上下游产业延伸，如以山地旅游带动户外装备制造业发展、以体育旅游带动体育培训业态发展。二是推动景区资产化运作。通过REITs的方式和金融的手段，促使景区对原来的资产进行重新确权、评估，加快信用等级的评定，把原来的模糊收益变成可预期、可量化的收益。建议在"湖南省文化旅游产业投资基金"下设"湖南省旅游发展大会子基金"，专项支持旅发大会举办及相关产业项目发展。

二 思变求新：创新开发，转变文旅消费方式

第一，创新开发"云旅游"消费方式。一是大力开拓网络虚拟旅游制作新技术。尽快推动动态环境建模技术、立体显示和传感器技术、系统开发工具应用技术、实时三维图形生成技术、系统集成技术、三维图形高清数据实时传输和解码技术等新技术落地方面有新突破。二是大力推进景区景点融入网络虚拟旅游。建议政府出台引导政策，做好政策宣传，搭建好网络虚拟旅游共享平台，推动景区景点虚拟旅游场景制作。如湘西自治州可采用数字化技术全面重建、展示世界遗产湘西永顺老司城。

第二，创新发展"个性化"旅游业态。一是创造个性化旅游新需求。构建以A级景区、旅游度假区、乡村旅游、红色旅游等为主要载体的旅游产品供给体系，培育体育旅游、工业旅游、研学旅游、沉浸式体验等新业态。二是创新发展"她旅游"。建议借鉴江永抓住"她文字"流量密码打造女书习俗活动游的成功做法，在全省推出"女性密码""闺蜜情深"等创新体验活动，打造一批"女性文化主题游精品线路"。三是创新发展"网红打卡游"。借助小红书、抖音等网络裂变式传播，打造一批具有全国影响力且持续"长红"的地标式网红打卡地。

第三，创新发展"复合型"旅游消费。一是推动"旅游+文化+休闲"复合型消费。聚合旅游景区、乡村旅游示范点、特色民宿、自然风光、文旅生活、非遗、体育、美食、购物等资源，以攻略推荐、打卡的形式精选一批打卡点，邀请特约商户、金融机构共同推动文化+旅游+消费等多维度深度融合。二是打造一批功能复合型的旅游景区。强化旅游、娱乐、文化、商务、人居等多元化现代服务功能，融合旅游、娱乐、文化、艺术、生态、环保、商业、教育等产业元素，打造一批功能复合型的旅游景区。

第四，创新发展"说走就走"旅游消费。一是创新发展预约旅游。顺应预约旅游发展新常态，推出文旅二维码服务，形成酒店、交通、门票、美食等线上一站式预约预订服务，实现线上预约、一码入场、一码消费，方便大众出游。二是搭建"云枢纽"。打造集机构入驻、票务销售、文化消费数据采集分析等多种功能于一体的一站式综合文旅消费平台，建设"云枢纽"。三是大力推动"云营销"。积极对文旅资源和产品进行数字化、网络化、智能化的开发和应用，建议提高文旅产品的供给质量和效率，打造"爆款商品"，有效促进旅游消费。

三 乘风破浪：顺势而为，打造数字文旅新风口

第一，打造文旅技术装备新风口。为承接我国 AR/VR 行业相关设备制造产业每年不少于 500 亿元的市场需求，建议大力发展网络虚拟旅游装备制造业，包括数据采集环节的无人机、车载或机载的激光扫描仪、全息摄像机、动作捕捉器等各式数据采集和存储设备等。

第二，建立国际高标准露营基地新风口。根据各地的自然资源、文化资源禀赋，建议在全省建立 50 个左右各具特色的"营地＋"模式目的地，形成以点带面、重点突出、层次分明、独具特色的露营休闲旅游体系。由政府平台牵头，成立专门的产业基金来推动露营基地基础设施建设。由产业基金引导，专门建立露营休闲旅游装备制造产业园，逐步培育露营休闲旅游装备湖南制造基地。

第三，沉浸式体验旅游产品开发新风口。针对疫情后旅游主体的新需求，建议运用人工智能、VR/MR/AR 等视频、声光电、新料等科技成果，将多年积淀的红色文化、时尚文化和历史文化故事化开发，融入自然山水、城市历史和乡村生活空间，转化为研学、研习、休闲、游戏、角色表演等各种沉浸式、智能化、场景化、参与式的"第二人生"文化主题型旅游产品。

四 春风拂面：政策合力，营造良好发展环境

第一，尽快出台"疫情保险"类保护性政策，分担经营风险，让旅游企业有可持续性的生存空间。用好政府性融资担保等政策，政策规定

对符合条件的交通运输、餐饮、住宿、旅游行业中小微企业、个体工商户，鼓励政府性融资担保机构提供融资担保支持，政府性融资担保机构及时履行代偿义务，推动金融机构尽快放贷，不盲目抽贷、压贷、断贷，并将上述符合条件的融资担保业务纳入国家融资担保基金再担保合作范围。根据国务院和银保监会要求，积极发展财产保险、责任保险业务，创新保险产品，丰富文旅市场主体的风险分散渠道。提升防疫政策的友好性、稳定性和透明度。一是推出旅行社的"疫情熔断险"，省内旅行社在购买疫情熔断险后，一旦遇到因疫情导致的行程取消的情况，可获得因行程取消所产生的交通、食宿等基本费用损失部分，为旅行社提供兜底保障，降低其经营风险，提升成团的可能性。二是尽快启动使用保险交纳旅游服务质量保证金试点工作。试点通过购买旅游服务质量保证保险，代替支付旅游服务质量保证金。旅行社用旅游服务质量保证保险代替旅游服务质量保证金后，可通过支付较小金额的保险费购买保险来代替缴纳较大金额的质量保证金，以减轻其资金压力，提高资金使用效率。

第二，建议以提升"湖南文化旅游软实力"为核心，打造新产品，创意新业态，培育新企业。以业态创新和消费创新为导向，鼓励政府投资和市场化能力型团队结合，洞察新需求，为疫情后旅游市场的全面复苏和高质量转型提供支撑。完善国有资产监管体制，支持社会资本以混合所有制改革方式参与国有景区体制改革。依托重点项目，着力培优培强一批文旅企业（集团），重点培育 30 个文化创意产业和精品旅游产业"雁阵型"集群，遴选培育 10 家支撑带动力强的文旅领军企业纳入集群领军企业库，给予重点支持。

第三，推进职能部门的紧密协同。建议文旅、教育部门会同卫健、疾控部门，在确保疫情防控安全的前提下，深入研究学生假期出行的相关政策；加大研学旅行扶持力度，大力发展本地研学，支持旅行社从事研学服务；鼓励政府资金为企业招聘旅游及相关专业的应届毕业大学生提供就业补贴，促进应届大学生就业、避免人才流失。

［课题组组长：钟君，湖南省社会科学院（省政府发展研究中心）党组书记、院长、主任，研究员；课题组成员：邓子纲、郑自立、陈旺民、周海燕、廖卓娴］

第六章

新冠疫情对湖南文化和旅游业的影响评估及对策建议[①]

2022年以来,我国新一轮新冠疫情持续发展,让湖南省本已步入快速恢复轨道的文化和旅游业"戛然止步"。"五一"黄金周文化和旅游业有所"回暖",但总体表现仍然低迷。在新一轮新冠疫情冲击下,湖南省文化产业、旅游产业的内涵与结构都有了新的变化。如何依据新的形势,尽快有效化解疫情不利影响,推动湖南省文化和旅游业又快又好恢复到疫前水平,已成为当前湖南省经济社会发展面临的重大现实课题,本章拟对此做出有益的探索,以供资鉴。

第一节 新冠疫情对湖南文化和旅游业的影响评估

一 2022年以来湖南省文化和旅游业关键数据变化

受新一轮新冠疫情的影响,湖南省2022年第一季度的文化和旅游产业领域不少行业都受到严重冲击,产业在整体上表现出走势低迷、局部急剧下滑的紧张状况。

电影、演艺等传统文化行业受到的冲击相对较大。2022年第一季度我国电影票房较上年同期减少约23%,湖南省同期票房收入亦大幅缩水,

---

[①] 本章系2020年国家社科基金课题《新时代高质量发展的理论逻辑与实践向度研究(20BKS043)》以及2022年度湖南省社会科学基金重大项目《文化强省建设研究》(22ZDA016)的阶段性研究成果。

长沙市2022年3月电影票房收入创历年单月票房新低，低于20万元；湖南省演艺行业面临又一波"演出取消潮"困境，仅梅溪湖国际文化艺术中心大剧院今年由疫情造成的直接经济损失已超过500万元。

旅游产业受到新一轮疫情的冲击更为突出，其中入境旅游收入接待相关数据更是表现为断崖式下跌。湖南省第一季度国内旅游收入同比下降23.89%，入境旅游收入同比下降更是高达58.21%；全省国内旅游人数同比下降21.29%；入境旅游人数同比下降高达70.07%，仅为3303人次；总人天数同比下降达21.87%。从全省14市州的情况看，各市州旅游市场均呈现负增长态势，接待国内外旅客总人数、旅游总收入同比下跌幅度10%以内的均只有两个市州（分别为衡阳、长沙和常德、衡阳），跌幅高达20%以上的市州，分别有10个和11个，张家界市两方面的跌幅都高达50%以上（50.13%和52.75%）。

湖南省2022年第一季度国内旅游收入呈现出明显的区域不平衡特征，收入排名前五位的是长沙、衡阳、永州三市，常德市、株洲市，总收入达554.17亿元，占全省国内旅游总收入的49.34%。过夜游收入排在全省前五位由高到低依次是长沙市、常德市、郴州市、邵阳市、株洲市，以共计337.09亿元占据全省过夜游总收入的48.66%。一日游收入排在全省前五位由高到低依次是长沙市、郴州市、衡阳市、株洲市、永州市，共计达218.08亿元，占全省一日游总收入的53.17%。这些数据表明，在新一轮疫情下，长沙市、郴州市、衡阳市、株洲市四地市的旅游热度相对较高，这与四地市的交通便捷、人文资源禀赋较好以及疫情防控得力等因素息息相关。

2022年第一季度湖南省国内旅游人次数、过夜游客人次数、一日游游客人次数降幅均在10%以内的市州仅长沙、衡阳、永州三市；过夜游客人次数是三者中尤其具备含金量的数据，常德市这一数据令人吃惊地出现12.54%的正增长，也是全省所有旅游数据中唯一的正增长；这一指标表现较好的还有湘西州，数据为-1.46%，优于衡阳的-4.80%、永州的-7.36%和长沙的-7.79%。同期相比负增长最大的仍然是张家界市，同比分别下降50.13%、49.41%和50.89%。

湖南省2022年第一季度共接待入境外国游客1899人次，同期相比下降64.50%。全省接待外国游客中，日本、韩国、德国、美国、新加坡游客占据前五,总占比62.40%,全省接待入境外国游客占比最小的是大洋洲和非洲,占比不足10%。全省各市州中,常德、岳阳两市在接待入境游客人次数、接待入境游客人天数、入境旅游(外汇)收入三个指标上逆势增长,尤其是常德,增幅分别高达119.87%、500.61%和438.28%。其余12个市州,除了怀化、衡阳、益阳,三个指标的跌幅均超过50%;其中娄底、永州、湘潭三市,三个指标的降幅均接近或超过80%,娄底更是高达90%以上。全省接待入境游客人次数中排名前五的市州是长沙、常德、株洲、张家界、怀化,占全省总人次的79.90%;在全省入境旅游(外汇)收入排名前五位的是常德、长沙、张家界、株洲、郴州,以78.53万美元的总和占全省入境旅游(外汇)总收入的86.60%。

综上,2022年一季度湖南省文化和旅游产业中诸多行业都受到新一轮疫情的巨大冲击,传统文化行业和旅游业受到的冲击相对较为严重。而从区域来看,张家界市受到的冲击最大,其国内旅游人数和旅游收入等数据都呈现出"腰斩"级表现。此外,在入境旅游方面,全省有超过六成的地区在接待入境人次数和收入方面同比下降在50%以上。

二 两轮新冠疫情对文化和旅游产业影响的异同

新一轮新冠疫情呈现出了一些新的特点,我国防控疫情的能力与社会心理亦有了不少变化。第二轮疫情给文化和旅游业带来的影响,主要呈现以下一些特点。

一是湖南省传统文化消费在两轮疫情中严重受措但仍呈现巨大的潜在需求,数字文化消费等新兴文化消费逆势上扬,成为文化消费的主流趋势。

以清明档电影票房为例,2020年清明档在全面停工停产政策影响下可计为0票房;2022年"动态清零"政策下的票房,仍保持了1.20亿元。值得注意的是,2021年清明档票房创下了历史新高,达8.20亿元,较2012年以来最高水平的7.0亿元,升幅达17.14%。这说明线下的文化娱乐市场仍具有潜在的巨大需求。

线上影视行业则展现出朝气蓬勃的一番景象。网络电影在2020年一季度分账票房TOP30共分账4.30亿元,票房超1000万元的影片达23部,较1999年同期增长188%;千万俱乐部票房3.20亿元,同比增长248%。

2022年的新一轮新冠疫情下线上影视行业的发展较之2000年是负增长，票房破千万的网络电影14部，共瓜分票房2.57亿元。市场较上轮疫情中有所下降的同时，质量明显提升，以往公版IP扎堆的情况明显缓解，正版授权IP开始增多，网络原创IP的影响力也已经开始显现。

近两年，湖南省电广传媒、拓维信息、天舟文化等上市文化企业趁势布局元宇宙、虚拟人物偶像等新兴概念，获得逆势增长。据电广传媒发布的2022年第一季度业绩报告，企业获得净利3000万元，同比增长58.54%。

二是湖南省旅游产业在两轮疫情中都遭受重创，但新一轮疫情中湖南省旅游产业抗疫能力显著提升，旅游消费呈现一定的品质升级。

湖南省2022年第一季度旅游总收入高出2020年同期17.85%，达167.06亿元。但在入境旅游方面，2020年第一季度则是2022年第一季度的60.30倍，2022年缩水约97.31%。国内旅游人数2022年第一季度少于2020年同期992.18万人次，市场萎缩达11.84%。这说明两年来湖南省旅游供给品质上升；尤其是夜游产品的丰富，带来了人均消费和过夜游客人数在旅游总人数下降的同时的逆向增加。过夜游客的增长率，达到了83.37%。

全省14个市州中，湘潭、衡阳、张家界、娄底四个市州的2022年第一季度国内旅游收入要低于2020年同期，这说明新一轮新冠疫情对这几个地区的旅游业冲击要更加严重。但与此同时，过夜游收入，全省仅张家界一地出现轻微下滑，其余各市州都出现较大的增长幅度，全省总体上行77.36%。

两轮疫情冲击下，出入境旅游没有正常开放，湖南省各市州入境旅游因此而受到全面打击。2022年第一季度接待入境游客人次数、入境天数和收入数，在2020年较2019年严重下行超过87%的基础上，分别较2020年疫情同期萎缩97.31%、97.67%和98.34%。

三是假日文旅、乡村文旅在两轮疫情受控后的文化和旅游业恢复中发挥了重要引擎作用，新一轮疫情后公共文化场所成新宠，人们对旅游消费信心不足。

假日文旅、乡村文旅无论是在第一轮疫情后的文化和旅游业恢复中，还是在新一轮疫情后的文化和旅游业恢复中，都表现"抢眼"。从假日文旅来看，2021年元旦节期间，郴州沙洲红色景区、桂东沙田第一军规广场、湘南暴动指挥部旧址、湘南起义纪念馆、黄克诚故居、欧阳海故居等一批红色旅游景区景点人头攒动，仅"半条被子"的故事发生地——汝城沙洲1月1—2日共接待游客0.83万人次，湘潭韶山、乌石红色旅游魅力不减，人气指数持续攀升。1月2日，韶山旅游区共接待游客3.82万人次，同比增幅91.96%，彭德怀纪念馆共接待游客1.07万人次，同比增幅641.67%。2021年清明节期间，韶山旅游景区接待游客7.44万人次，广铁集团增开120趟广州、深圳、长沙往郴州、韶山、南昌等红色旅游线路列车，4月5日，进入游客返程期，韶山旅游区仍迎来游客3.20万人次，同比增长203.84%。2021年国庆节期间，沙洲红色旅游景区多日实名预约人数达到疫情防控最大限量，当日网络预约门票通道关闭，韶山各景区共接待游客38.217万人次，旅游综合收入1.146亿元。2022年"五一"黄金周期间，张家界充分利用旅发大会造势，实行假日免票、景区交通工具配套优惠等联动政策，激发市场热情，其中武陵源核心景区接待游客44959人次，天门山景区接待游客41064人次、张家界大峡谷景区接待游客22653人次，其他景区接待游客16807人次，乡村旅游点接待游客12568人次。从乡村文旅来看，2021年301家旅行社在大湘西、大湘东共13条精品线路上发团34118次，精准送到特色村镇的游客达131.78万人，参与游客接待的特色村镇194个，据云平台收到旅行社报告数据产生直接经济收入3.50亿元，带动文旅相关产业消费突破83.74亿元。2022年"五一"黄金周期间，乡村旅游大放异彩。常德柳叶湖边农家小院、桃花源山中民宿、鼎城区休闲农庄、澧县采摘体验都持续火爆，桃源热市云顶温泉，假期累计接待游客同比增长157.71%，门票收入同比增长100.29%。

2022年"五一"黄金周期间，公共文化场所成新宠。全省按预约、错峰、限流的方式有序开放图书馆、博物馆、美术馆。长沙市全市图书馆、文化馆开展了橘洲讲坛——"最了解湖南的作家"徐志频《左宗棠与李鸿章》新书共读会、小小说演讲家等系列活动受到市民的热捧。岳阳市图书馆开展了AR互动百科阅读推广——破蛹成蝶养成记活动。"益山益水 益美益阳"主题摄影展在益阳市文化馆（新馆）持续迎来观展小高峰。衡阳市少儿图书馆举办"百年青春心向党——庆祝中国共产主义青年团成立100周年"线上展览及"喜迎二十大 奋进新征程"网络答题竞赛活动。长沙歌舞剧院在雨花"非遗"馆、苍坊旅游区开展"奔跑在春天里"文艺进景区系列惠民演出，长沙音乐厅开展古典音乐荟·高清放映活动（两场），梅溪湖大剧院开展舞人新作《一步之遥》演出及市民开放日活动。

新一轮新冠疫情，不仅对市场供给端的文化和旅游企业造成重大冲击，打击了文化和旅游企业经营信心；还对市场需求端的消费者心理和行为产生了不良影响。从供给端来看，新冠疫情的反复性与防控长期性加剧了文化和旅游企业特别是中小微文化和旅游企业在发展上的不安全感。以旅行社为例，业务停止、订单退订等已成为近两年湖南旅行社经营的常态，无论是营业利润还是利润总额都呈现负增长状态，旅行社业务量锐减引致持续减员，造成员工流失，行业信心严重受挫。从消费端来看，虽然现在各地已陆续复工复学，但是对于旅游消费很多人还是保持着理性谨慎的态度。这从2022年"五一"黄金周旅游数据中可见一斑。其间，纳入假日统计监测单位971家景区（点），累计接待游客539.58万人次，同比下降52.47%，实现营业收入63799.64万元，同比下降57.35%。纳入监测的106家文化和旅游新业态单位，累计接待游客92.17万人次，同比下降33.40%，实现营业收入10453.35万元，同比下降31.84%。

第二节 新冠疫情下湖南文化和旅游业影响因素

一 居民收入增速和工作稳定性双下滑，非刚性消费能力与意愿不足

据湖南省统计局数据，湖南省2022年一季度居民人均可支配收入增长6.80%，其中，城镇居民人均可支配收入增长5.80%，农村居民人均可支配收入增长7.30%。与全国数据相比，尽管湖南省居民人均可支配收入、城镇居民人均可支配收入以及农村居民人均可支配收入的增速均高于全国水平，但是绝对值并不高，与发达省区有较大差距，而且比2021年全国居民人均可支配收入增速降低2.30个百分点。而据国家统计局数据，2022年一季度全国居民消费价格（CPI）同比上涨1.10%，其中粮食价格上涨1.70%，鲜果价格上涨6.90%，鲜菜价格上涨3.70%，衣着价格上涨0.50%，居住价格上涨1.40%，生活用品及服务价格上涨0.60%，交通通信价格上涨5.50%。这些数据又反映出一季度我国居民的生存性消费开支有所提高。此外，据国家统计局的数据，2022年一季度，全国城镇调查失业率平均值为5.50%，高于2021年0.40个百分点。据中国居民家庭财富变动趋势及未来预期调查我国家庭工作稳定性指数低于100，指数略有回落。在全省居民总体收入不理想，生存性消费开支进一步加大、工作稳定性下降的境遇下，湖南省居民在文化、旅游等娱乐型、享受型消费方面的意愿也由此普遍低落。

二 乌克兰危机爆发、西方反华势力"围堵"与入境旅游低迷

由以上分析已知，新一轮疫情期间入境旅游相较上一轮疫情时期，无论是旅游人数还是旅游收入缩水都比较严重。造成这一局面，除了与疫情新发展有关以外，2022年2月爆发的乌克兰危机以及西方反华势力的"围堵"亦是其中重要因素。乌克兰危机爆发是近期国际大事件，对国际与地区安全问题产生了巨大影响，造成了地缘政治局势急剧紧张。在当今全球化深入发展的境遇下，世界发展可谓"牵一发而动全身"，地缘政治局势的急剧紧张必然会对国际和地区旅游经济产生重要影响，再加上俄罗斯与中国地理毗邻，又是重要战略合作伙伴，中国也是俄罗斯第二大旅游目的地，这就使得乌克兰危机爆发对于中国旅游业的影响比较显著。乌克兰危机爆发以来，美西方对俄罗斯采取了严厉制裁，从政治、经济领域，蔓延到体育、艺术、文化等领域。俄乌美欧四方激烈交锋，使得全球油价、粮价飙升，给国际旅游带来强烈的不可预测风险。另外，欧美国家对俄罗斯更严厉的制裁和乌克兰冲突的扩大都可能继续切断更多途经俄罗斯的航路，这是以往许多欧洲、亚洲国家之间长途航班的重要通道。根据俄罗斯联邦航空运输机构的数据，在疫情之前，通过俄罗斯领空的航班超过了30万，即使是2021年也有近20万商业航班通过俄罗斯领空。这也势必会影响境外游客来湖南省旅游的便捷性。另外，新一轮疫情期间入境旅游严重缩水还与近两年西方反华势力对中国的"围堵"息息相关。近两年，西方反华势力以疫情全球扩散为噱头，大肆抛出反华论调，对中国进行"污名化"攻击，制造出诸多对中国不利的舆论事件。公众舆论是游客获得关于旅游目的地认知和情感体验的重要途径，对其旅游决策有重要影响。西方反华势力对中国的舆论攻击势必会对境外游客来湘旅游的决策造成十分不利的影响。而且近两年西方国家加大了对华经济制裁力度，旅游制裁是其中一项重要内容，这又给境外游客来湘旅游制造了不少经济障碍。

三 疫情防控形势不稳定与线下文化旅游消费信心剧减

新一轮新冠疫情不仅对经济造成了极大的冲击，对公众心理健康也产生了严重的负面影响。公众的心理健康状况不仅是维护社会安全稳定的重要因素，也是突发公共事件后恢复市场秩序、重振消费信心的关键一环。伴随国民生活水平以及经济实力的增长，可支配收入越来越高，疫前不少民众都习惯性开展超前消费，而由于新冠疫情的反复以及新一轮新冠疫情具有高传染性特点，防控时居民的隔离时间或者说隔离周期较之以前更长，导致了部分民众收入不稳定，这使得其对线下文化旅游消费不再"感冒"。通过调查发现，当新一轮新冠疫情结束后，58%的受访者会选择不会轻易开展线下聚集性文化和旅游活动，处于谨慎观望状态，仅有28%的受访者会选择出去玩，还有9%的受访者明确表示会选择宅在家里。

四 数据要素建设不完善与数字文化旅游产品生产能力低下

数字文化旅游产品的开发、使用与推广对数据要素依赖程度很高，现阶段湖南省数据要素建设还不完善，对文化和旅游产业数字化发展的支撑力不够强劲。这主要表现在三个方面：一是数据要素供给、流通、使用的体制机制不畅通。目前，湖南省数据要素相关参与主体的权益分配制度严重缺失，数据资源统筹管理和流通监管体制不健全，各领域各地区的数据要素市场发展职能有待完善。二是尚未建立完善的现代数据产权制度。数据产权的界定迟迟不能落实，数据的分享动机不够，导致湖南省文化和旅游领域数据要素利用率比较低。三是数据隐私保护制度不健全。这就导致数据隐私保护跟平台经济的发展出现矛盾，湖南省一些地方由于采取过于严苛的数据隐私保护措施，比较大地限制了当地文化旅游平台企业的发展空间。这种数据要素建设不完善的状况严重制约了数字文化旅游产品生产能力，导致湖南省数字文化和旅游产品供给不足。数字文化旅游市场中同质化、低层次产品和服务过多，缺少品质高端、体验多元、创意独特的文化旅游产品，难以满足人们多层次、多样化文化消费需求。区域、城乡数字文化旅游消费发展不均衡。适合老年人、残障人士等群体的数字文化旅游产品研发不足。

第三节　对策建议：危中育机与变中筑信

基于文化和旅游业发展新变化新特征，我们认为，在未来一段时期文化和旅游业恢复发展中，必须坚持"巩固、充实、提高、创新、开放"十字方针，又快又好地开创湖南省文化和旅游业发展新局面。

一　坚持"巩固"方针，拓展文化和旅游产品供给体系

湖南省文化和旅游业恢复发展必须坚持"巩固"方针，巩固抗疫成果和疫情中建立的发展优势，改善原有的文化和旅游产品供给格局，培育和发展时下人民群众青睐的文化和旅游产品，满足人民群众文化旅游生活新需要。一是强化文艺"二为方向"，利用疫情契机倒逼文艺供给侧改革。推行"文艺+生活""文艺+互联网""文艺+教育+旅游""文艺+科技"等融合新模式，采用"订单式"创作、"超市化"供应、"菜单式"配送等方式，通过"文艺+"打通文艺为湖南人民美好生活服务的"最后一公里"。培育网络文艺、数字音乐、空间书画、在线戏剧、互联网综艺等新兴的文艺业态与传播模式。支持打造一批贴合大众文化、富有中华优秀传统文化和湖湘文化特色的IP，创作生产一大批弘扬优秀湖湘文化的、适用于全媒体传播的文化IP和"文艺精品"。探索图书馆、文化馆等公共文化服务单位总分馆制，建立健全公共图书馆、博物馆、文化馆法人治理结构和理事会制度，鼓励社会力量参与公共文化设施的运营与管理，有效整合全省公共文化资源，建立全社会共同推进公共文化供给的新机制。二是优化旅游产业结构。引导产业供给从"有什么提供什么"向"需要什么提供什么"转变，从产业供给层面着力满足疫情防控常态化境遇下民众旅游新诉求。要着力推出康养游、红色游、研学

游、购物游等一批特色主题线路产品，大力发展乡村游、本地亲子游、短途自驾游、周边休闲游，融合年轻人喜欢的剧本杀、中年人喜欢的怀旧元素、老年人喜欢的慢节奏等多样化娱乐新形式打造特色主题小镇、文化公园、夜间小店经济和微度假目的地，推动区域美食一体化、老字号非物质文化遗产保护与文化旅游相结合以及元宇宙技术在旅游产业领域的应用，探索"沉浸式""体验式""探索式"文化旅游新业态，优化民众旅游场景，增进游客与文旅场景之间深度交互体验。根据不同消费需求，延长文旅产业链，构建起不同价格区间——免费、中档和高档三档价格区间；不同时间周期——一日游、周末游、年假一周游、深度半月游的精品旅游资源集聚区和旅游线路。以今年开展中国特品级旅游资源名录建立为契机，对湖南优质旅游资源实现分类开发与规划，提升湖南省优质文化旅游资源对旅客的吸引力。三是持续推进文化和旅游产业融合发展，培育产业发展新动能。要加速文化与旅游、科技、商业、教育、体育、健康等第三产业以及第一二产业的融合深度，通过融合创新，优化产业结构，丰富产品供给，创新产品业态，形成文化和旅游业发展的新动能。

二 坚持"充实"方针，完善文化和旅游业疫情纾困扶持政策

湖南省文化和旅游业恢复发展必须坚持"充实"方针，依据变化的疫情形势和文化旅游市场主体诉求，进一步丰富和完善原有的文化和旅游业疫情纾困扶持政策。一是要贯彻落实好国家相关职能部门及省委省政府已经制定出台的与文化和旅游业密切相关的疫情纾困扶持政策。2022年以来，针对文化和旅游业等受新一轮疫情影响较大的行业，国家发展改革委会同相关部门于2022年2月制定印发了《关于促进服务业领域困难行业恢复发展的若干政策》，结合湖南实际，湖南省人民政府办公厅于2022年3月又制定出台了《湖南省促进服务业领域部分困难行业恢复发展的若干政策》。2022年3月文化和旅游部办公厅发布了《关于抓好促进旅游业恢复发展纾困扶持政策贯彻落实工作的通知》，4月文化和旅游部办公厅又印发《关于进一步调整暂退旅游服务质量保证金相关政策的通知》。这些政策具有较强的针对性和实惠性，湖南省各级政府及相关职能部门应积极贯彻落实好这些政策，结合本部门本地区实际加快制定

相应的配套政策。二是要及时根据疫情动态和经济社会发展形势变化进一步研究和优化文化和旅游业疫情纾困扶持政策。课题组在调研走访中发现，受访企业除了表现出对减税降费、降低运营成本以及降低中小企业贷款门槛等方面更大优惠的期盼以外，有近七成的受访企业最希望得到政府帮助的是提供针对新一轮疫情防控工作的补贴，超过四成受访企业希望能够得到政府的新一轮疫情防控指导，明确疫情防控标准和实施细则，帮助企业调配口罩酒精等复工所需的防疫用品；有超过六成的受访企业对于用工条件改善、人才引培、品牌打造、不见面即可办理申报审批的线上政务服务、允许企业在保障安全的前提下自行决定复工时间以及"促进项目落地，提高审批服务效率"等也有很强的需要。三是要针对文化和旅游业重点领域制定专项疫情纾困扶持政策。课题组调研走访中发现，湖南省影视产业、音乐演艺、创意设计、数字文旅、生态旅游、融合业态旅游六大重点领域受到疫情冲击相对较大，迫切需要省委省政府相关职能部门制定出台更有针对性和操作性的专项疫情纾困扶持政策来促使其迅速走出疫情的阴影。

三 坚持"提高"方针，重塑行业发展信心

湖南省文化和旅游业恢复发展必须坚持"提高"方针，改变当前文化和旅游供给端、消费端信心不足的局面，重塑行业发展信心。一是要大力宣传弘扬抗疫精神，提振文化和旅游业的精气神。在文化和旅游界掀起学习领会习近平总书记关于新一轮新冠疫情防控重要讲话精神的热潮，将伟大的抗疫精神贯彻到文化和旅游各项工作中去。鼓励和支持全省各级文物部门和文博机构积极有序地开展新冠疫情防控代表性见证物征集和保存工作，收集、保存和展示这些承载中华民族精神和时代记忆的见证物。鼓励和支持全省文艺团体和文学、戏剧工作者以新一轮抗疫感人事迹为基础，创作生产一批思想性、艺术性俱佳的抗疫题材原创版权作品。督促全省各地文化馆、图书馆、博物馆进一步发挥好职能作用，凝聚起防疫"正能量"，在做好公共文化场馆自身防疫工作的同时，举办更多更好的抗疫演出、展览，着力提升全社会防控意识，筑牢常态化疫情防控的文旅发展信心。二是要对接游客心理需求，进行业态升级。疫情会对人们产生心理影响，包括疫情扩散带来的恐慌情绪的蔓延、居家

防控期过长带来的心理焦虑、疫情发展带来的应激反应、经济压力带来的绝望情绪等。人们的心理健康需求将蓄积成疫后的社会群体状态，复工后回归现代社会的高压力和快节奏也将对人们的心理"承压"能力提出新的挑战。旅游活动能够让人心情愉悦、舒缓压力，具备心理疗愈作用。旅游地应该对接游客的心理需求，彰显充分的人文关怀，制作具有"正能量"的标语牌和景观小品，设计体验性强的"泄压"项目，开发森林疗愈、自然治愈的旅游线路、产品和课程，聘请心理咨询师常驻景区对游客进行心理咨询和心理疏导。实现"医疗健康+旅游"的升级，即康体养生与以游养心业态并行发展。三是要加强对文化和旅游消费的培育与引导。鼓励各地通过发放旅游消费券、落实带薪休假、灵活实施四天半弹性工作制、各市县灵活确定重要节假日放假时间等措施，进一步激发并释放旅游消费需求。推动旅游企业在市场营销中强化对游客的人性化关怀，利用感恩营销的策略彰显社会责任，鼓励和支持景区酒店、邮轮、航司等开展面向全国医务人员免费开放的关联性推广宣传活动。省文化和旅游主管部门可以利用短程游、近郊游恢复较快的特点，在短期内实施"湖南人免费游湖南""湖南人免费游湘江"等消费补贴活动。积极开展湘鄂赣文旅消费联动活动，推进长江中游城市群文旅相互引流，三省共同发布系列文旅消费活动及惠民举措，组织互送跨省旅游团队，开启游客互送专列，联合发放"湘鄂赣旅游年卡"，带动长江中游城市群旅游市场。

四 坚持"创新"方针，推进数字文化和旅游产业高质量发展

湖南省文化和旅游业恢复发展必须坚持"创新"方针，把握时下线上文化和旅游业态逆势上扬的机遇，大力培育和壮大数字文化旅游业态，推进数字文化和旅游产业高质量发展。一是要加快文化和旅游领域新型数字基础设施体系建设。结合应用场景联合场景建设方在景区、酒店、旅行社、文化产业园区、国家文化公园、博物馆、文物馆、图书馆、美术馆、文化站等重点文化和旅游场域建设5G专网，实现Wi-Fi全覆盖和5G基站覆盖，开展基于5G技术的移动电子政务和商务应用试验建设。完善文化产业"云、网、端"基础设施，打通"数字化采集—网络化传输—智能化计算"的数字链条。推进文化和旅游大数据中心建设，重点发展低时延、高附加值、产业链带动作用明显的第一、二、三类业务数据中心。推动基础通信运营企业建设覆盖全省主要文化园区和旅游景区的高质量外网，加快推动文化和旅游龙头骨干企业完成工业互联网内网改造。二是要推动数字文化和旅游产品与服务创新。加快创新在线文旅服务，加大"云美展、云文博、云演艺、云艺培、云旅游、云阅读"的供给，推动实地自然景观资源、历史文化元素、非物质文化遗产资源与虚拟游戏情境融合，发展数字体验馆、虚拟旅游、网络直播等创意旅游与游戏产品。鼓励在乡村地区打造"乡村网红打卡地""淘宝村""数字民宿""生态＋文化＋剧情触发的深度体验馆"等，推行"一机游"服务。传承弘扬红色文化，打造更多具有广泛影响力的数字红色文化和旅游IP项目。支持利用数字技术打造夜间文化和旅游产品。推动文化和旅游大数据采集、存储、加工、分析和服务等环节的产品开发，发展数据驱动的新业态新模式，打造文化和旅游数据产品与服务体系。三是培育市场主体和人才队伍。培育一批具有国际竞争力的大型数字文化和旅游企业，引导互联网及其他领域龙头企业布局数字文化和旅游产业。支持"新技术、新业态、新模式"企业发展，扶持中小微数字文化和旅游企业成长，培育一批细分领域的"瞪羚企业"和"隐形冠军"企业。推动成立数字文化和旅游产业联盟或行业协会，加强行业交流，促进行业协同发展，支持数字文化和旅游产业领域开展众创、众包、众扶、众筹。着力培养一批兼具文化内涵、技术水准和创新思维的数字文化和旅游产业人才。

五 坚持"开放"方针，重视文化对外贸易和入境旅游市场振兴

湖南省文化和旅游业恢复发展必须坚持"开放"方针，在扩大内需做强内循环的基础上，大力发展外循环，促进形成"内循环主体、外循环赋能"的文化和旅游业发展新局面。一是要坚持防疫与发展两手都要抓、两手都要硬的产业发展思路。在疫情防控常态化下，湖南省文化和旅游业发展思路上要从"做好防疫的前提下发展产业"向"发展产业的前提下做好疫情防控"转变，提升产业发展的效率与开放水平，迅速摆脱疫情冲击带来的各种桎梏。要顺应疫情防控常态化的需要，建立风险评估、风险防范、应急处理、事故调查、执行反思等一整套工作机制，厘清权责体系，完善文化和旅游应急体系配套工程，建立事前、事中、事后针对社会人员、物资、资金等的统筹协调体系，将文化和旅游应急落到实处。与此同时，在张家界等知名旅游目的地推进入境松绑试点工作，逐步实现入境旅游恢复发展。二是实施文化外贸和入境旅游振兴行动。在省委省政府统筹领导下，全省各级文化和旅游行政部门会同有关部门推出一系列纾困惠企政策，通过税收减免、延期缴纳社保费用、提供培训补贴、延长补足旅游服务质量保证金期限等措施帮助文化出口企业和入境旅行服务商应对疫情影响。同时抓紧出台文化对外贸易与入境旅游发展支持政策，着力提升文化对外贸易与入境旅游便利化程度、文化贸易服务和涉外旅游接待服务水平。旅游推广要主动结合官方和民间对外文化交流活动，进一步融合文化和旅游推广活动的形式和内容。加强与有广泛海外受众的网络文学平台开展合作，基于作品内容延伸出旅游线路和产品，甚至打造新的旅游 IP。加强与境内外知名在线旅游平台合作，将旅游评论网站和旅游预订网站作为传递旅游信息的主要渠道。推动以动漫游戏为代表的数字文化产业应抓住新冠疫情带来的线上文化消费扩张机遇进行内容创意，结合当前全球共同议题进行积极向上的作品创作，扩大受众规模。三是坚持五大发展理念引领文化产业科学发展，提高我国对外文化贸易风险应对能力。在价值创新上，我国应当进一步注重专业人才培养和文化科技创新，创新产品和服务形态，减小对制造业与货物贸易的依赖，从而避免因人员和商品流动限制陷入被动；在产业发展上，各类文化企业应当注重建立起完善的产业价值链、丰富价值转换手段，尤其是电影行业要注重摆脱对票房的依赖，通过多样化收入途径分散风险；在国际运作上，湖南省各类文化企业应当在实力允许的情况下，积极思考建立跨国企业或与国外企业形成良好合作机制，在降低产品生产成本的同时合理规避跨国贸易可能面临的种种风险。

[课题组组长：邓子纲，湖南省社会科学院（省政府发展研究中心）产业经济研究所所长、研究员；课题组成员：郑自立]

第 七 章

马栏山视频文创园建设对策研究

四年来，马栏山视频文创园从无到有、踔厉奋发，不断激发文化科技创新活力，不断加速园区企业裂变发展，创新能力实现质的飞跃，科技人才结构更优化，竞争力更强，有力推动区域创新高地加快形成，在全国乃至全球视频产业园中打响了品牌的知名度，有力支撑了"强省会"战略，为构建新发展格局、推动文化产业高质量发展提供了有力支撑，为坚定文化自信、建设文化强国贡献了积极力量。但在创新创生过程中，马栏山发展仍存在"文化+科技"动力蓄能薄弱、科技核心资源和"文化+场景"跨界融合应用发展不足、"政策候鸟型"企业迁移频繁、人才留驻配套政策与内生动力不够完善等堵点难点问题，亟待引爆"文化+科技"深度融合，精准延链补链强链，引燃内容和技术双轮驱动，推动马栏山园区实现"草场肥美"、视频文创产业"万马奔腾"，打造真正具有全球影响力和竞争力的数字视频产业链基地和媒体融合发展新座标。

第一节 价值定位：马栏山视频文创园的地位作用及发展阶段

马栏山文创视频产业园区聚焦特色主业，夯实产业基础，强化产业支撑，成为打造新时代产业集群、带动视听产业发展的中坚力量，在全国乃至全球视频产业园中具有较强的知名度与竞争力。

一 "中国V谷"凸显马栏山在全国文创产业的地位作用

近年来，国家广播电视总局统筹布局，在北京、上海、成都、厦门和长沙等重点城市批准设立了一批视听产业园区。视听产业园区在推进数字经济等战略性新兴产业、培育数字文化新业态、拉动就业和经济增长等方面贡献了重要力量，成为现代文化体系和市场体系建设的重要一环。截至2021年年底，广电总局批复成立的广电视听产业基地（园区）共28个，规划建筑面积总计3.88亿平方米，入驻广电视听各类企业8556家，新增企业2310家，吸纳就业近19万人，营业收入超过2000亿元。

（一）长沙马栏山视频文创产业园

马栏山文创视频产业园2017年12月正式挂牌成立，紧盯"北有中关村，南有马栏山"的战略目标，依托"广电湘军"为代表的视频文创产业在全国的比较优势，以内容制作、技术研发双轮为驱动，以数字视频创意为龙头，以数字视频金融服务、版权服务、软件研发为支撑，努力打造千亿级视频文创产业聚集区、文化和科技融合创新示范区。园区先后获批国家级广播电视产业园区、国家文化和科技融合示范基地、中国创新创业典型示范基地、全国版权示范基地等，入选国家级文化产业示范园区创建名单。2021年，园区实现营收519.81亿元，同比增加24.40%，营收三年增幅达56%；税收30.16亿元，同比增加20.10%。2022年一季度实现营收122.84亿元，同比增加2.74%；固投完成16.43亿元，同比增加71.60%；税收完成10.45亿元，同比增长0.4%。

（二）北京南城视听走廊

1. 中国（北京）星光视听产业基地

中国（北京）星光视听产业基地是国家广电总局批复的电视节目制作基地，建设于2005年。依托园区专业演播室及各类技术中心的专业优势，为中央电视台、地方卫视及各类传媒制作公司的电视节目剧组提供大型节目灯光舞美、节目录制、卫星传输、媒资存储等专业传媒服务，主要客户群体包括各大电视台及主流传媒公司，舞美公司、文化公司、化妆公司、经纪公司等各类传媒配套服务企业。基地内大大小小近百个摄影棚，是国内各大电视台录制节目的常用场地。同时基地打造的"中国影视大乐园"项目面向普通消费者，打造深度影视体验和拓展场馆，加深互动效果。星光影视园四大园区，产业规模已经达到近110万平方米，业已成为亚洲最大的视听产业集群。

2. 中国（北京）高新视听产业园

中国（北京）高新视听产业园2019年年底正式设立，位于北京亦庄核心区域，是全国首个全产业链视听产业园，覆盖视听内容生产、视听技术研发、视听服务集成、创新业态运营、终端硬件制造、视听产品营销等全产业链条的高新视听园区。产业园依托国家广播电视总局广播电视科学研究院、北京广播电视局等资源，落地超高清电视技术研究和应用实验室，聚焦前沿技术研发，孵化重点项目，对接市场应用，大力推进视听总部基地、视听技术研发基地、视听孵化加速器、视听科技成果展示交易中心等项目建设。产业园是北京市广播电视局提出北京新视听理念后，在视听产业建设方面的重大突破，将成为北京市推动新视听赋能数字经济、超高清视频、5G＋视听、视听创新应用场景发展和京津冀视听走廊建设的重要抓手和支撑力量。

（三）中国（上海）网络视听产业基地

中国（上海）网络视听产业基地成立于2010年2月，为国家广电总局与上海市的部市合作项目，是全国首个国家级网络视听产业基地，由紫竹数字创意港有限公司负责全面运营。基地以视听内容制作专业服务平台作为发展核心驱动器，专注于视听内容制作及相关衍生行业的全产业链规划建设及服务，构建生态型视听产业集群。截至2021年年底，基地累计引入企业超过2258家，年新增企业数量400家，其中70%以上的落户企业为从事网络视听、影视动漫、网络游戏、技术研发、信息服务等新兴文化企业。在基地落户企业中，产业收入最大的五家企业为优酷土豆、喜马拉雅FM、大疆创新、心动网络与途虎养车。同时如一条视频、笑果文化、英佩游戏、灵河影视、创米科技等企业也发展态势良好。

（四）中国（成都）网络视听产业基地

中国（成都）网络视听产业基地由国家广播电视总局批复同意，2019年10月在成都高新区成立。基地遵循"展会引领、内容驱动、产业协同、生态培育"发展路径，以中国网络视听大会为牵引，以行业政策为驱动，着力构建涵盖"视听硬件设备—视听内容—视听技术—视听应用"等关键环节的网络视听产业生态圈和涵盖人才培引、投融服务、成果孵化、IP运营、应用转化等重要环节的创新生态链，努力打造国际知名的网络视听产业集聚区和策源地。基地依托高新南区，打造瞪羚谷产业社区、数字文创产业绿廊、网络视听创业孵化园、天府智媒体城、网络视听产业社区等五大空间载体。截至2020年已聚集网络视听与数字文创重点企业超过600家，2019年实现产业增加值365亿元，同比增长31%，占区域GDP15%，占成都市25%。已培育咪咕音乐等平台生态型龙头企业3家，独角兽及准独角兽企业6家，可可豆动画等瞪羚企业383家，华栖云等种子期雏鹰企业512家。2020年共支持485家企业近7500万元。

（五）中国（厦门）智能视听产业基地

中国（厦门）智能视听产业基地2021年1月由国家广电总局正式批复设立，是福建省首个获批的国家级网络视听产业基地。基地主要发展方向为智能视听产业相关内容生产、技术服务、平台运营、教育培训、终端产品制造和展会活动等，集聚了多家上市公司和新三板挂牌企业，以及网宿科技、云知芯智能科技等一批网络视听相关企业。基地充分发挥产业链条的孵化作用和集聚效应，培育本土龙头企业，通过打造公共服务平台，引导产业资源集群发展，构建形成多点支撑、共生互补的格局。基地拥有智能视听内容生产、技术服务、平台运营、教育培训、终端产品制造等各类型企业，产业链较完整，行业显示度较高，并正在形成网络视听行业的"厦门品牌"。《厦门市"十四五"文化和旅游发展专项规划（2021—2025年）》提出，自2021年起，用3年时间实现入园企业超百家、总产值超百亿元的目标，将厦门打造为全国智能视听产业发展新高地。

从基本情况看，北京星光视听基地批准成立最早，其次为2010年成立的上海视听基地，马栏山视频文创园成立时间较晚（2017），北京高新视听产业园则成立时间最晚（2019）。从面积上看，马栏山文创园占地面积最大，规划发展区15.75平方千米，其中核心区（鸭子铺地块）5平方千米，功能区（生态文旅区、产业辐射区、生活配套区、人才培育区）约10平方千米；其次是北京星光视听基地，园区已建及在建产业空间面积110万平方米。

从核心业务看，由于视听产业具有极强的融合特性，大部分园区早已突破单一业务的限制，结合自身资源禀赋，围绕产业链相关环节，通过关联性产业集聚实现特色化发展。马栏山文创园以视频内容生产为核心，以视频内容制作、数据运营、设备制造、软件开发、版权服务等为配套；上海视听基地发展较为充分，龙头效应明显，网络视听、影视动漫、网络游戏、信息技术、电子商务等各环节均有涉及；北京高新视听产业园以国家超高清电视应用创新实验室为先导，将重点推动产业发展的关键核心技术研发攻关以及4K及8K超高清技术在典型场景的示范应用。北京星光视听基地已形成以电视节目制作为核心的产业链条。

从园区服务看，各园区并不是做简单的"二房东"模式，根据自身特色与行业发展提供多样且完备的公共服务也是标配。上海视听基地实行项目经理负责制，协助企业提供多方面服务；马栏山文创园管委会企业服务中心执行"一件事，一次办。一件事情，一次性告知、一张材料清单、一次性填报"，极大方便了企业政务办理；北京高新视听产业园打造全要素资产运营平台和智慧园区运营平台，形成企业公共服务、产业技术服务、智慧园区服务和智慧生活服务四大集成服务体系，为入驻企业提供政务、政策、产业等全方位支持。成都网络视听产业基地推进实施业界共治，建立由政府专业部门（新经济发展局数字文创处）、网络视听与数字文创业界共治理事会、专业平台公司（软件园管理公司）、专业园区/产业社区（瞪羚谷公园社区）构成的"四位一体"工作推进机制，充分发挥市场配置产业资源的决定性作用，更好地发挥政府服务产业的平台作用，实现网络视听产业业界共建、共治、共享。

从生活配套看，上海视听基地与马栏山文创园均在园区建有幼儿园、小学、中学，一定程度上能够解决企业员工子女就学问题；北京高新视听产业园与马栏山文创园均配备人才公寓，为企业发展吸引人才、留住人才提供生活支撑；成都影视文创功能区周边高校云集，人才优势明显。

从产业技术平台看，园区如中国（上海）网络视听产业基地打造了内容丰富的公共服务平台，包括云计算中心、高清编辑与音效合成系统、节目交易中心、影视产权服务平台、集群渲染平台等。马栏山园区已初步形成"224"产业技术底座，即2个平台、2个研究院、4个创新实验室。

从政策支持看，地方政策针对性持续增强。有些省（区市）进一步突出视听产业园区建设的战略引领地位。北京、上海两地的产业布局启动较早，成都、长沙等地后发力量较强，政策体系较为完善；马栏山文创园在资金支持渠道上划分细致，湖南省出台《进一步支持马栏山视频文创产业园发展若干政策》（湘政办发〔2021〕42号），从创新公共服务平台建设、费用补贴、人才引进、拓展应用场景等八个方面，确立了进一步支持园区发展的政策。成都在人才支持方面较为亮眼。在园区支持政策上，大致分为补贴类、奖励类两种，对象包括园区、企业及个人。福建省委省政府出台《关于支持厦门建设高质量发展引领示范区的意见》，明确将推动中国（厦门）智能视听产业基地建设作为厦门建设高质量发展引领示范区的重要任务。

总体上，无论从产业核心、产业发展政策还是产业发展服务上看，马栏山文创园在国家级视听视频产业园中，地理位置突出，依托湖南广电湘军，服务优势、政策优势和平台优势均明显，在视频行业市场地位和行业影响力不断提升，建成了走在全国前列的视听产业基地（园区）。

二 "三个转向"标志马栏山文创产业由高速发展期迈向稳定成熟期

产业园区同其他社会产品类似，也具有一定的生命周期。按照产品生命周期的划分方式，可将产业园区划分为四个阶段，即初创期、发展期、成熟期与转型期。马栏山视频文创园锚定"一主一特"产业定位（一主：视频文创产业；一特：5G高新视频多场景应用），紧紧围绕新媒体的科技创新与应用，形成产业布局。聚焦视频科技企业，深耕"文化+科技"，以场景建设为牵引，着力培育数字文创经济新产业、新业态和新模式，奏响园区发展的新篇章。

（一）马栏山园区正由"要素驱动"向"创新驱动"转向

马栏山在初创时期，结合园区整体发展战略及视频产业规划，制订产业招商规划，实施拉动了园区产业发展。经过五年发展，马栏山从要素规模扩张转向要素效率或全要素生产率的提升，从要素驱动转向创新驱动。产业平台做强做新。加速建设马栏山·华为云音视频创新中心云平台三期，"四条产线"建设完成上线，构建影视工业化标准和流程，打造"拎包入住"的数字支撑环境。截至2021年年底，马栏山产业云平台助力71家企业，VR/XR视频渲染效率最高提升23倍，5G智慧电台创新"嫁接"区块链技术，安装落地528频，年节目输出量达9000小时；

2022年新增上云企业16家。持续推进与国防科技大学签署合作协议，共建自主可控超算中心，共研基础操作系统和视频处理核心应用软件，于9月正式投入使用。马栏山国际版权交易中心（一期）"中国V链"项目功能开发完成测试，完善优版权平台功能。科技成果转化加快加强。园区始终坚持需求导向和问题导向，鼓励园区企业加大对科技创新的投入，从效率提升和技术创新两方面寻找新的增长动力。X千博信息人工智能手语亮相北京冬残奥会，与5G高新视频多场景应用国家广电总局重点实验室联手打造"卫视直播版AI手语播报系统"项目完成测试。5G智慧电台累计签约843家广播电台。关键政策创新创实。基于产业园区主导产业定位，在产业发展所需的关键资本、人才、产业要素等方面进行政策创新，打造产业园区的核心吸引力与竞争力。园区深入贯彻习近平总书记的讲话精神，开展精准施策，加大补贴力度，强化政策宣传解读，开展政策兑现，制定纾困政策。园区配套出台《进一步落实省市政府支持马栏山视频文创产业园发展系列政策的实施办法》，发布《马栏山视频文创产业园2022年度春节期间支持企业稳工稳产若干措施》和《马栏山视频文创产业园2022年企业纾困稳经济运行促高质量发展若干措施》专项政策，从减免企业房租成本、降低企业生产成本、派发员工福利礼包、补贴企业社保费用、开展贷款贴息支持、防疫费用支持等方面助力园区企业平稳健康发展，切实增强园区企业的归属感和认同感。2022年园区累计开展5个批次政策兑现，惠及企业超过200家，兑现资金达3007.01万元。为切实解决企业的融资困难，园区出台《马栏山文创金融信贷风险补偿资金管理暂行办法》，搭建融资服务的线上平台，引入光大、招商银行等金融机构，召开金融服务对接培训活动，为园区企业提供风险补偿贷款资金。湖南省政府推出"八条"政策，切实鼓励企业技术创新，降低企业生产成本，园区政策体系更加立体，兑现扶持资金1亿元。扩大融资风险补偿范围，为企业提供风险补偿贷款3920万元。

（二）随着文化产业高质量发展进程的推进，园区逐渐进入存量提效、增量空间拓展的全面升级阶段

马栏山园区实施调规优园、引企入园、壮企兴园、科创强园、促建满园、配套实园、赋能活园，推动存量提效、增量集聚。借力"1.5级开发"，探索量体裁衣。园区根据产业发展程度和进度，借鉴深圳前海、东

莞市等地先进经验，采用"1.5级开发"模式，建设创智园一期、创智园二期2个企业聚集区及乐田智作视频文创产业基地、乐田智作马栏山科技文创基地2个节目内容生产车间。行业领军企业、独角兽企业扎根落户。马栏山视频文创产业园不断裂变，从围绕湖南广电生长的小微企业，到百度、华为、腾讯、爱奇艺、创梦天地等一批行业领军企业、独角兽企业纷纷抢滩落地。芒果超媒、天娱传媒、百度、华为、爱奇艺、创梦天地等一批行业领军企业、独角兽企业扎根落户，入驻企业3200余家。跨界融合渐入佳境。全力支持电广传媒芒果城项目"传媒+文旅"深度融合，提质改造世界之窗、海底世界景区，联合省博物馆、烈士公园，将节目形态转化为消费场景，放大文旅叠加效应，打造独具湖湘文化特色的都市综合休闲旅游度假目的地和千万游客容量的5A级景区，让"诗和远方"更贴近、更时尚。与先进制造业5G云VR公共服务平台及中国铁建、中车集团合作形成一批创新成果。"马栏山盒子"（5G高码率低延时编解码终端）1.0版本进入投产批量测试阶段。中国"V链"数字交易平台开启市场验证，存证作品超过100万件。以展会提升园区影响，做强"中国新媒体大会"品牌，举办了"芒果音乐节""马栏山国际音视频算法大赛""国际数字娱乐嘉年华（IEF）赛事""马栏山杯创新设计大赛"、深圳文博会、世界计算大会、长沙投资环境上海推介会、杭州动漫节等活动；以会议（赛事）带展览、展览带企业，把"马栏山"打造为全球知名的视频文创产业品牌、区域品牌，实现园区影响力持续提升，促进资源集聚，带动产业发展。

（三）马栏山园区由开发商模式转向园区产业服务商模式，园区服务逐渐由单一化走向多样化、平台化、标准化、规范化

建立园区服务类型丰富、服务标准统一、快速高效的服务体系，成为提升园区核心竞争力的必要手段之一。聚焦数字支撑，打造行业核心底座。马栏山管委会与华为等技术公司共同打造的5G高新视频产业云平台，可为入园企业提供计算、存储、网络、视频、AI、大数据分析等全链条服务，满足入园企业视频生产、制作、分发、交易等各个环节的需求。5G高新视频多场景应用国家广电总局重点实验室、中国联通下一代互联网宽带业务应用国家工程实验室、中国"V链"数字资产交易中心、长沙先进制造业5G云VR公共服务平台……对平台型数字文化企业设立

区域总部、研发机构、技术研究院，马栏山已逐步形成一中心、一平台、四个创新研究机构的坚实技术"底座"，为视频文创企业构筑了"拎包入住"的数字支撑环境。聚焦营商环境持续优化，打造差异化发展园区。园区服务提质促新高，100 项行政审批事项实现"园区事园区办"，48 项文化审批服务全程帮代办，294 件"多规合一"办件均在 24 小时内办结，12345 政务热线办理满意率达 98%。115 家规模以上企业配置全天候"服务管家"。企业入驻奖补、房租补贴即申即审，企业"入规"奖励、高新企业入驻奖励"免申即享"，政策申报、审核、兑现全程网办。聚焦土地规划，打造宜居宜业环境。园区地处城市中心，寸土寸金，把大部分土地作为公共管理与公共服务设施、道路与交通设施、公用设施用地，尽最大限度提供公共服务，配合省市出企业承载空间集中投放，25 万平方米商业楼宇去化率达 40%。产城融合加快，对标"五好园区"要求，完成提质改造，率先在全省创建近零碳示范园区。新建或改建 134 个 5G 基站，实现 5G 信号全覆盖，为打造精致精美、宜居宜业宜游的园区环境留足了空间。

第二节　发展堵点：马栏山视频文创园高质量发展面临的瓶颈

目前园区入驻企业已逾 3200 家，但产业要素互补共生的聚合效应不强，科技、金融、产品、市场、人才等关键要素相互匹配不够，园区平台优势尚未充分显现。宏观上，新一代信息技术革命，让全球文化创意产业正在发生空前的深刻变革，新的数字创意经济对生产要素与组织机制提出新的要求，目前全球范围内的文创产业集群正在变革中探索新的产业要素组织协调机制，如何率先探索出一套高效有力的产业机制，是马栏山园区面临的机遇和挑战；中观上，国内经济面临转型与来自外部的挑战，文创产业正在进行全面数字化变革，从全产业门类、全产业链到全产业要素，都面临数字化的融合与转变；微观上，马栏山园区产业要素存在不同程度的短板，人才要素方面领军核心技术人才支撑不够，人才类型结构单一，内容 IP 创作团队待培育，科技要素方面"文化＋科技"动力蓄力薄弱，"文化＋场景"跨界融合应用不足，有自主产权的核心技术待增,产品产业链方面,下游和延伸产业链还未孵化完整,"有核无边"辐射效应还未显形等。新的数字创意经济需要对产业要素功能进行更新划分,虚拟协调平台机制有待进一步开发,打破物理空间限制,打通虚拟园区功能和实体园区,实现政企银校各类资源跨地域合作,社会各领域生产力紧密连接,最大限度地将园区资源形成协作共赢、价值转化力。

一 科技核心资源动能不足,"文化+科技+场景"跨界融合应用亟待破圈

准确把握视频文创产业发展的核心关键技术和前沿技术动态,技术是园区高质量发展的核心动力。目前已建设超高清视频共享制作云平台,构建了高新视频云化制播、异域协同、高效传输、多端应用的全链路技术体系,但 5G 基建、大数据中心、人工智能等领域建设还有待加强,云网一体化的信息基础设施建设薄弱,IDC 通信机房等大数据中心、云计算中心,架构人工智能底层硬件、通用 AI 技术及平台还未具规模,在视频、音频、网络、通信、VR/AR/MR、AI 等领域有硬核技术和核心竞争力的企业不多,有自主知识产权的企业和研究实验室在园区进行科技成果转化和落地应用未形成显著引导力,视频文创产业的网络化、数字化、智能化方向发展还有待加强。"文化+科技"动力蓄力是马栏山文创园发展的底层逻辑,其作用在于:一是为园区业务发展提供核心公共技术服务平台,包括超高清视频制作共享云平台、马栏山计算媒体平台、区块链技术平台、国家超级计算长沙中心创新应用平台等,加强音视频内容创作、生产、传播和消费等环节共性关键技术研究。二是为文创资源版权交易提供可量化平台,运用区块链、大数据及人工智能等为视频文创版权提供版权登记管理,版权价值评估、交易,版权金融,版权管理与维护等服务,搭建开放性的视频文创版权公共服务平台。

在"文化+场景"跨界融合应用方面,园区在医疗、智慧广电、AI 手语翻译、工业制造上实现突破,如全省首例5G 远程手术圆满完成,数字骨科、5G 手术机器人等技术临床应用探索正在加速推进,5G 智慧电台挺进全国市场,AI 手语项目布局于长沙特教学校和部分政务大厅,为联合国南南合作办公室视频会议提供手语翻译,"长沙先进制造业 5G 云 VR

公共服务平台"联手三一重工、中联重科等头部企业，探索前沿视频技术与先进制造融合发展，获评2020湖南省"5G+制造业"典型应用场景。但总体来看，"文化+场景"跨界融合应用面不够广，融合程度不够深入，需进一步推动超高清视频技术和产品在广播电视、工业制造、文教娱乐、医疗健康、交通安防、虚拟文旅、教育、智慧城市等领域实现规模化应用。积极拓展短视频和新兴视频领域，结合虚拟现实、人机交互、3R（VR、AR、MR）、5G等新兴技术，重构"AI+视频"深度融合发展路径，探索自动化虚拟内容生产，探索创新更具交互性和用户黏性的短视频社交应用、全息影像、互动视频、沉浸视频等，构建兼顾消费视频和生产视频的产业发展集群，大力提升视频智能化制作水平。

二 "强干多枝"型产业链未成型，"有核无边"辐射效应未显形，"内容+"产业链亟待布局

随着入驻企业增多，园区产业要素逐渐丰富，但产业要素互补共生的聚合效应不强，科技、金融、产品、市场、人才等关键要素难以匹配和互相支撑；园区视频文创产业多集中在传统内容制作端，产业链条难以延展，尤其是IP衍生开发、产业融合和线下消费端口偏弱。内容是文创产业的根基，纵观全球文创产业园区和聚集区，富有生命力和影响力的文创产业总是以优质的内容为基底和符号资源，不断开发延伸产业链，实现"内容+领域"化的产业链全延伸。马栏山视频文创园在现象级内容IP及其产业链延展培育上较为薄弱，在全媒体时代，需要依托马栏山网络文学小镇等文创产业基地，重点探索形成网络文学IP、动漫IP、电影IP、游戏IP、音乐IP、体育IP、艺人IP的创作规律与产业化孵化流程模式。同时《山海经》《西游记》等以优秀传统文化为主题的国潮动漫游戏IP的开发尚缺，传统文化的创新表达不足，具有中国特色的"动漫英雄"和国民IP的创造力亟待加强。另外，依托IP形成"内容+领域"化的产业布局未成型，一个优质的IP可以开发成多个领域的产品产业链，满足人民丰富多元的物质精神文明需求，如优秀的动漫游戏IP可延伸至旅游、教育、制造业等领域，多个优质IP可形成"强干多枝"型产业链布局。

马栏山视频文创产业的优势是"有核无边"，核心是内容和科技，目

前"有核无边"的辐射效应还不突出。一方面,优质内容可在多个领域衍生产业链布局,但目前园区的优质内容 IP 培育规律和产业架构孵化还未成熟,内容延展领域的辐射效应未成型,"无边"境界未达到。另一方面,园区的物理空间是有限有边界的,但技术所蕴含的产业链虚拟空间是没有边界的。目前,园区尚未通过前沿科技有效开启影视工业非物理产业链效能外溢,难以将音视频前沿技术通过文旅、制造业等延伸应用至各个物理空间,形成马栏山庞大广博的应用产业布局体系,发展内容创制及 IP 衍生消费业态、高格式影视工业技术服务业态、数字孪生及视觉预演应用业态,"有核无边"的辐射效应尚未真正发挥作用。

三 资源联动共享机制不够灵活,园区资源力转化成价值转化力亟须火力

根据《马栏山十四五发展规划》,到 2025 年,园区企业总数超过 6000 家,园区内"文化+科技"上市企业新增 3—5 家;规模以上企业达 300 家,其中世界 500 强、中国 200 强、行业 20 强企业及上市公司等优质项目入驻不少于 20 家,培育形成 10 家以上实力雄厚、竞争力强的骨干文化企业;新增从业人员 10 万人,科研机构达到 15 家,高新技术企业达到 100 家,每万名从业人口发明专利拥有量达 50 件。催生数字孪生应用新业态,孵化数字创意经济新物种,打造世界级文化创意产业集群,力争到 2025 年视频文创产业产值突破 700 亿元。

新的数字创意经济和业态需要新的组织协调运行机制,现有运行机制对资源的调动不畅、效率待提高,时效较为滞后,无法适应视频文创前沿新兴产业变化的发展,亟待形成新的资源共享调动机制。新的数字创意经济和业态对园区产业要素提出新的划分要求,产业要素形成虚拟协调平台,将园区整体业务划分为产业培育功能板块、技术支撑功能板块、文创金融功能板块、内容 IP 创作功能板块、咨询培训功能板块、版权综合功能板块、智慧政务等功能板块。实行虚拟入驻,打破物理空间限制,打通虚拟园区功能和实体园区,实现政企银校各类资源跨地域合作,社会各领域生产力紧密连接,最大限度地将园区资源形成协作共赢、价值转化力。

四 "政策候鸟型"企业迁移频繁,人才留驻内生动力尚待激发

人才资源是第一资源,也是推动文化事业和文化产业创新发展过程中最为活跃、最为积极的因素。截至2021年园区企业总数达3200多家,其中"四上"企业115家、高新技术企业45家,在视频、音频、网络、通信、VR/AR/MR、AI等领域有硬核技术和核心竞争力的企业不多,有自主知识产权的企业和研究实验室在园区进行科技成果转化和落地应用未形成显著引导力,领军、核心技术型人才支撑不够,人才类型结构单一,内容IP创作团队待培育,人才资源有待形成梯队规模。

一方面目前园区为引进优质企业和人才,推出一系列优惠政策;另一方面许多视频文化类企业由于本身"轻体量"特质,往往享受完优惠政策后离开园区,出现"政策候鸟型"迁移现象。要实现马栏山高质量发展,不仅需要业务、功能、实力结构多元的企业梯队,而且需要稳定的企业与人才去支撑园区发展内生动力的滋生循环。一方面成为行业吸引力园区需要形成独有的行业资源,如音视频内容库、版权库、普适技术库等;另一方面也需要一整套成熟的政策硬件体系,如建设马栏山人才公寓,为优秀人才提供免税、住房、子女入园入学、医疗健康等支持保障服务,具有真诚关心人才、爱护人才、成就人才的良好文化环境。更重要的是,马栏山文创园还未出培养自己的人才系统,未能成为视频文创产业的"黄埔军校",依托湖南大学、中南大学、长沙大学等高校科研机构,共建"校企学院"如"马栏山新媒体学院",从学校到企业,从学生到行业专家领袖,马栏山文创园不仅是行业名企的孵化园,更是行业人才追本溯源的"黄埔军校",培育出属于马栏山行业文化的内生原动力。

第三节 创新创生:马栏山视频文创园发展着力点

科技是文化产业发展的新引擎,数字技术正成为创新文化产业模式发展的重要动能。马栏山要创新科文融合生态链,促进"文化+科技"深度融合,围绕"基础研究+技术攻关+成果产业化+金融人才支撑"

生态链建设精准发力,引燃内容技术"双轮驱动",全方位打造"人才引擎",推动金融赋能助企纾困,锻造园区核心竞争力。

一 "文化+科技"深度融合,新引擎激发新动能

进一步擦亮马栏山"文化+科技"深度融合新名片,借助马力十足的科技新引擎,不断丰富文化展示利用的科技手段,保持马栏山视频文创产业排头兵的领先优势,以"文化+科技"锻造文创园核心竞争力。持续做强视频文创主业,以新技术和新基建促进视频文创产业链的新形态培育。依托湖南广电,充分发挥湖南所拥有做视频的全产业链、全生态链优势,围绕视频产业链和生态链精准招商,以"核心产业链+核心企业+配套企业""核心企业+中小企业围绕群"为产业发展路径,通过湖南广电的品牌效应,加快布局视频文创产业链上下游及生态配套企业,打造龙头引领、梯队协同和优势互补格局。以头部企业为引领,注重强链延链,加强头部力量牵引,以强强联合推动园区发展。从科技和文化两端分别依托华为公司、国防科大和湖南广电集团、湖南出版集团等头部组织,充分发挥软硬件研发、内容创新等优势,加快催生视频科技场景应用,孵化一批"瞪羚"和"潜在独角兽"企业,培养一批本土头部企业。通过"数字技术应用+内需"促进视频产业链新链培育,孵化优势新兴企业,多重举措推动产业链从"要素投入型"向"内生效率提升型"转向,在全园区形成大企业"顶天立地"、小企业"铺天盖地"的良好发展格局。

夯实数字基建,提升完善园区软硬件基础设施建设和服务。借助VR/AR、3D、5G、光场技术等科技,拓展文化体验场景,以新技术和新基建促进视频文创新业态培育。加快推进5G网络、工业互联网、大数据中心、工业互联网、智能服务平台等新一代信息基础设施体系建设和平台设施建设。完善搭建园区公共服务云平台,解决视频技术"卡脖子"难题,加快园区视频超算,云原生多云融合平台、三维实时渲染引擎等自主可控新产品的开发,降低园区企业技术门槛和生产运营成本,满足视频生产所需要的超大存储空间、超强算力和超速传输需求,打造具有国际水准的"文化+科技"创新示范应用高地、数字视频产业链基地和媒体融合新地标。

持续研发升级音视频技术，推进园区生产要素共享，加快制作流程工业化，打造形成园区要素成本优势和产业生态优势。携手华为云加快音视频公共服务平台建设，夯实技术底座，推动生产要素共享，塑造要素成本优势和产业生态优势。优化提升园区音视频产业云平台功能，为园区头部和中小企业提供相应的 IaaS 层云服务、PaaS 层云服务、基础资源底座和视频转码及超分平台，满足园区主体视频拍摄、高清剪辑、特效渲染、虚拟制作、全能转码和全球分发端到端等业务需求。加强与大数据、5G 和云计算等技术领域科技类企业和实验室合作，把握云网一体化基础设施和数字内容制作共享云平台建设这一契机，不断探索平台功能在制造服务业等领域的延伸。

加快新型产业生态布局，强化长短视频双向创新引领产业增长，创新 5G 高新视频技术多场景应用，推进视频文创与高端制造业、旅游、文博、教育医疗、城市管理、乡村振兴等领域跨界融合发展。立足湖南省优势产业，找准切入口精准对接视频科技，协同展开产品研发和科技创新，不断开拓产业协同深度，持续提升生产要素互补共生的聚合效应和规模效益。通过推动视频技术与生产制造及社会生活的融合，进一步推进马栏山视频文创产业与其他产业融合发展，拓展提升产业价值。着力发展数字文化新型产业，加快传统文化产业数字化转型升级。借助 VR、3D、4K 上色、全景声呈现等新科技，创新传统作品的呈现形式和手段，为红色经典增添亮色，为中国故事插上隐形"翅膀"，让数字科技赋能文创产业风口"起飞"，让马栏山视频文创产业真正活起来、火起来，让中国故事跑出加速度。加快新型产业生态布局，推动视频文创资源集中和产业集聚，不断增强马栏山视频文创产业的集聚力、企业吸附力和行业影响力。

二 引燃内容技术"双轮驱动"，打造媒体融合新高地

内容为王技术领先，双轮驱动打造媒体融合高地。内容是优势之本，技术为活力之源。要抢抓新技术、新产业、新业态、新模式带来的机遇，坚持视频技术研发和优质内容制作双轮驱动、优质内容和技术创新两翼齐飞。加强品牌建设，持续提升品牌影响力，以品牌带动产业发展、促进资源聚集。依托湖南广电的品牌、平台、资源等优势，兼顾做强内容

生态和创新传播方式。构建多元产品体系和多维立体媒体矩阵，巩固传统渠道，做强自主渠道，拓展海外渠道，优化传播体系。继续做强做优马栏山指数，成为全国领先的视频文创行业标准创建者。准确定位用户需求，强化区域品牌，增加用户黏性。要对产品质量和用户保持"谦卑敬畏"的心态，坚持创新为王，品质优先，不断创新优质综艺和影视剧作品。坚持守正创新，弘扬主流价值观，传承红色基因，讲好红色故事。以新时代"视频文创湘军"的韧劲和干劲，在马栏山书写奋斗新篇章，在弘扬中华优秀传统文化等各方面践行'一马当先'的担当使命，打造具有中国特色和全球影响力的媒体融合新地标园区。

兼顾规模生产和精准传播，以内容和渠道优势赢得发展空间，以一流传播效应创造良好社会效益，加快推进媒体深度融合发展。"对标中关村，建设马栏山"，前瞻布局5G、AI、VR技术，融合"内容＋技术"，抓住数字经济和"互联网＋"发展机遇，为用户带来更优质多元的产品服务。加快建设好生产、创新和交易这三个载体，探索为园区企业提供无限链接的创新服务，打造创新服务生态圈。大力支持5G高新视频多场景应用国家广电总局重点实验室建设，加快数字化虚拟影棚建设，加大知识产权保护力度和数字资产交易平台建设，与中广天择一起将"中国V链"打造成马栏山的平台经济和版权保护的亮点。完善马栏山视频文创园综合服务管理平台，建好公共技术服务平台，增强园区服务能力。以视频文创产业为重点，围绕5G高新视频多场景应用，构建高新视频云化制播和多端应用的全链路技术平台和体系，为园区企业提供云存储等标准化云产品服务。

快速推进"创新创意在马栏山，生产制作在飞地"的协同发展模式，创建具有"有核无边，有容乃大"的产业空间特色园区。以视频软件研发、数字视频创意和服务为支撑，推进马栏山数字技术媒体融合实验室建设，聚焦数字技术在传媒行业多场景应用创新、商业模式创新、内容聚合与分发平台研发及内容传播监测体系研究，为推进媒体产业新市场、新模式变革提供技术支撑和新动能，推动打造国家级"数字技术＋媒体"融合产业生态圈，聚力谱写强省会战略的马栏山篇章。积极融入长江中游城市群产业生态及国际视频文创产业链，创新解决园区产业扩张和溢出阶段空间储备不足问题。大力发展数字化文化消费新场景，借助以网络为媒介的数字文化产品，打破虚拟和现实边界、突破物理时空限制，拓展提升在线在场相结合的数字化文化新体验。

三 全方位打造"人才引擎"，增强园区产业发展内生新动力

人才是支撑园区发展的重要资源。要深入贯彻习近平总书记在园区考察时关于"人才蓄水池"的重要讲话精神，下重手狠抓、稳打、做出有力措施，重点引聚数字文化创新技术、视频内容创作生产、文化投资管理等视频产业紧缺人才和高端人才，聚焦核心人才梯队建设。着力打造视频文创人才发展生态圈，引才育才、助才留才，让更多"千里马"在马栏山这片热土上竞相奔腾。秉承"不求为我所有、但求为我所用"的理念，加快柔性引才用才，通过顾问智囊、讲学咨询和项目合作等形式，让全球人才特别是高端人才为园区建设效力。参与园区建设，贯彻并宣传"来湖南长沙安家，拿北上广深薪资，做全球视频事业"理念，吸引外地湘籍人才回长沙发展，引导支持外地湘籍人才回流马栏山参与园区建设。

构建"多元立体"创新人才引培模式，完善产学研和政校企合作协同机制，强化产教融合。办好马栏山新媒体学院，与全国龙头高校分院、科研机构建立联合实训基地，探索完善"立体学习＋实训基地"等人才培养方案，突出高新技术应用，实现人力资源增值，源源不断培育出园区发展需要的视频产业特色人才和创新创业人才。建立人才持续发展战略和容错机制，实施个税政策优惠，提升园区吸引力，激发人才贡献智力。着力打造开放服务型政府和园区，持续完善人才留驻配套政策和软硬件设施，加快产城融合和"五好园区"的建设步伐，满足人才多层次需求。以项目建设为支撑，促进产城融合，解决人才在长沙的购房、子女就学、就医等需求，鼓励人才在马栏山安居乐业。完善人才留驻配套政策，除了为人才建设高性价比的租赁住房，还提供孵化辅导和文娱体育等系列配套服务，让马栏山既宜业又宜居。通过"政策＋平台＋服务"组合拳引进人才、培养人才、留住人才，切实解决园区"政策候鸟"型人才迁移问题，为视频文创产业发展提供有力支撑和良好环境，进一步增强园区建设及产业发展的内生动力。

表7.1　　　　　　　　　国家级视听园区发展情况

园区		成立时间（年）	面积	类型	产业特点
长沙马栏山视频文创产业园		2017	规划发展区15.75平方千米	超高清创新应用产业基地	锚定视频文创产业与5G高新视频多场景应用的"一主一特"产业发展定位，力求打造先进内容创新制造高地、文创科技研发应用高地、文化产业改革发展高地
北京"视听走廊"	中国（北京）星光视听产业基地	2005	已建及再建空间产业空间面积110万平方米	高新视听产业园	全国首个全产业链视听产业园，覆盖视听内容生产、视听技术研发、视听服务集成、创新业态运营、终端硬件制造、视听产品营销等全产业链条高新视听园区
	中国（北京）高新视听产业园	2019	规划总建筑面积约7万平方米	电视节目制作基地	依托园区专业演播室及各类技术中心的专业优势，为中央电视台、地方卫视及各类传媒制作公司的电视节目剧组提供大型节目灯光舞美、节目录制、卫星传输、媒资存储等专业传媒服务。主要客户群体包括各大电视台及主流传媒公司，同时基地打造的"中国影视大乐园"项目面向普通消费者，打造深度影视体验和拓展场馆
中国（上海）网络视听产业基地		2010	规划总建筑面积约40万平方米	网络视听产业基地	具有集聚效应的文化创意产业链，涵盖内容生产制作、内容传播、技术研发、产品创意、基础电信配套服务等
中国（成都）网络视听产业基地		2019		网络视听产业基地	基地聚焦发展游戏电竞、数字音乐、数字传媒、影视动漫四大细分领域，从平台、内容、技术、场景等四大产业定位出发，为网络视听数字文创企业发展聚势赋能
中国（厦门）智能视听产业基地		2021	占地面积约500亩，研发面积约33万平方米	网络视听产业基地	积极培育包括影视、动漫、游戏、微电影、短视频、直播等各类业态的智能视听生态圈，形成以内容生产、技术服务、平台运营等为主的完整智能视听产业链

四 推动金融赋能助企纾困，以"金融活水"激发企业新活力

创新"资源+政策"联动方式，加快推进"马栏山文创金融科技试验区"建设，切实解决园区企业融资难和融资贵等问题。发挥试验区先行先试优势，采取"市场运作、园区支持，专业运营"模式，积极探索文创企业和科技企业金融服务模式，助力园区企业创新发展，加快打造国际化智慧视频文创产业园。搭建银政企合作桥梁，借助园区平台作用，通过项目对接、展览展示、论坛交流、高端沙龙和融资路演等方式，吸引社会和政府资本参与园区建设和产业发展。加快推进文创金融科技领域优势企业进驻园区，吸引不同类型金融服务机构入驻园区，开发多种特色金融服务产品，凸显资源集聚优势，实现要素配套辐射拉动作用。针对园区内不同规模和需求的企业，开发多元金融服务特色产品，提供特色化、便捷化和专属化的"全生命周期"金融服务。加强政策引导及落地，对符合条件的企业融资成本给予贴息和奖励支持。设立园区视频文创产业发展基金，引导政府和社会各界资本助力园区产业发展。设立一批基金，探索布局全产业链的投资基金，以"直投+基金+孵化器"的方式，全方位融入并助力视频产业链和园区产业生态建设。

[课题组组长：贺培育，湖南省社会科学院（省政府发展研究中心）党组成员、副院长、副主任，研究员；课题组成员：邓子纲、廖卓娴、林杰辉、王晟添、吕若楠]

第八章

马栏山视频产业园视频产业生态圈建设研究[①]

培育做优产业生态圈，是产业园区增强综合竞争力、实现可持续发展的有效途径。马栏山视频文创产业园自2017年12月成立以来，凭借文化强省建设东风，发展十分迅速。2020年9月，习近平总书记深入马栏山视频文创产业园考察，更是为园区发展注入强大信心和力量。深入贯彻习近平总书记考察湖南特别是考察马栏山视频文创产业园重要讲话指示精神，全面落实"三高四新"战略定位和使命任务，更好的服务"强省会"战略，切实把马栏山视频文创产业园打造成"全省经济高质量发展示范区，具有中国特色、全国领先、全球影响力的媒体融合新地标"，迫切需要进一步优化园区产业生态，汇聚更多产业要素，激发出多维度、全方位的融合发展动能。

第一节 基础与优势：园区定位清晰、产业生态初步形成

一 内涵与结构模型，彰显园区定位清晰

（一）产业生态圈内涵

马栏山视频产业园视频产业生态圈由若干个头部企业通过利益联结、

[①] 本章系2020年国家社科基金课题：新时代高质量发展的理论逻辑与实践向度研究（20BKS043）及湖南省社会科学院（省政府发展研究中心）湖南文化创意产业研究中心课题：湖南文化产业运行形势分析（22WHCYZD2）的研究成果。

关联配套而形成的以视频文创产业为核心的具有较强市场竞争力和产业可持续发展特征的产业多维网络体系。园区的产业生态圈价值体现在通过战略引领和头部企业的带动，生产、服务、人才、技术、资金、大数据等要素资源高效集聚，产业链、创新链、人才链、供应链、金融链交互增值，从而形成产业自行调节、资源有效聚集、科技人才交互、企业核心竞争力持续成长的多维生态系统。对园区而言，产业生态圈建设有利于通过头部企业带动、资源有效聚集、产业协作共进，促进产业配套链、供应链、价值链紧密合作，形成行业性联盟和利益共同体，实现协作配套降成本、交叉融合拓市场、资源共享提能力的目标。当前，马栏山正坚持以视频文创产业为主导，构建从视频文创产业生态核到相关产业生态圈层的生态发展体系，使各层级视频文创业务形成互补、互动、互享、互利的共建共融生态圈。

（二）产业生态圈结构

马栏山坚持以视频产业为核心，构建视频产业、动漫游戏产业、数字出版产业三大产业互联互通的核圈层，每个业务圈层自成一个生态圈，三大业务圈层可在横向上进行业务交互融合，纵向上贯通产业链上下游。其中，视频产业生态圈是园区核心产业生态圈，"视频"为该圈层生态核，相关业务围绕视频制作生产向外延伸，形成共生互利的生态体系。动漫游戏和数字出版生态圈，作为园区辅助产业生态系统，既各自构建独立的业务板块，又与视频产业形成多维交互。同时，文化大数据产业、IP衍生产业、4K影视修复产业等生态圈既相对独立，又与视频产业生态圈相互促进、相互支撑，形成园区视频文创产业生态系统。同时，几大业务圈层均不同程度地延伸至"文创旅游"，拓展文创旅游业务，补齐产业链下游空白，打造马栏山文创旅游新品牌、新模式。

二 从量变到质变，标志产业生态圈初步形成

（一）大网络视听产业生态圈全国领先

随着视听新业态的出现、媒体深度融合步伐的加快和科学技术的不断发展，马栏山在5G、人工智能、大数据中心、云计算、物联网、区块链等"新基建"的加持赋能之下，以"网络视听+"为中心的大视听产业生态圈中的社会价值、人文价值、生态价值获得了更多维度的开发，

形成了一个全新的生态产业链。另外,在媒体深度融合的大背景下,互联网重构了媒体新生态,马栏山坚持"全程媒体、全息媒体、全员媒体、全效媒体",全心致力于大视听全产业链协同推进、联动发展,多屏互动、矩阵传播、平台与网络并用、内容与服务并重发展,传统广播电视与网络视听产业的界限日渐消融。同时,马栏山大力推动信息传输、内容制播、视听体验等技术不断迭代更新,涌现出了5G条件下更高技术格式、更新应用场景和更美、更便捷、更具视听新体验的高新视频新业态,媒介、资源、要素等得到了有效整合,丰富的"网络视听+"得到有效呈现,进而形成了领先全国的大网络视听产业生态圈。

(二)文化大数据产业生态圈积极推进

围绕建立国家文化大数据区域中心,积极融入国家文化大数据体系建设,打造数字资产存储平台,通过红色影像及史料修复、传统文化的数字化创新表达、当代先进文化的内容创新表达等构建特色文化基因库。推动中国"V链"数字资产交易中心等版权交易平台建设,强化版权生态治理体系建设,激活沉睡的创意数字资产,形成版权交易新生态。做优"马栏山指数"体系,提升指数影响力,构建全国视频文创产业大数据洞察体系,形成反映全国视频文创行业发展水平的"风向标",推进建设视频文创、文化大数据等具有全球竞争力的硬核主导产业集群,积极推动园区高质量发展。

(三)IP衍生产业生态圈多元蓬勃发展

遵循"文化+科技"融合发展思路,锚定园区"一主一特四增值"产业发展定位,IP衍生产业实现了多元蓬勃发展。一是坚持以内容创制为核心,打造原创内容IP策源地。依托广电湘军、出版湘军、动漫湘军、网络文学强大原创内容生产能力,聚焦红色文化、传统优秀文化以及青年文化,强化核心价值观的实践,做强内容产品体系;依托园区优质IP综艺节目花絮内容,加强媒资转化利用,为短视频内容创制企业提供产业配套服务,通过集聚短视频生产、影视培训、短视频金融、创新企业孵化等核心板块,打造马栏山独一无二的短视频内容IP矩阵,形成完整短视频产业链条的中国PGC(专业生产内容)产业集群;集聚拥有原创IP和能力的动漫游戏制作企业,依托园区科研机构、实验室,以"内容+社区+高新技术"运营模式形成产业规模。二是丰富IP衍生商业模式，打造原创 IP 内容策源地。依托湖南广电原创内容、中南出版经典出版物、中广天择的内容原创能力，挖掘网络文学优质 IP，构建马栏山原创内容矩阵。构建尊重原创、保护版权、开放共赢的 IP 商业化合作生态，打造中国原创内容 IP 策源地。

（四）4K 影视修复产业生态圈成果颇丰

以 4K 制播技术体系升级为契机，集合园区芒果 TV、中广天择、乐田智作等核心企业开展 4K 云收录、云转码、云制播等技术创新，精心打造 4K 节目制作、存储、交易基地，顺利完成国内首次裸眼 3D 影像结合全景声的应用演示。重点推进红色文化数字影视工程应用落地，加快建设 4K 经典影视修复项目技术平台，完成 1964 年版黑白电影《雷锋》4K 全景声修复上色，修复《毛泽东在 1925》《刘少奇的 44 天》《国歌》三部红色经典。紧紧围绕"核心技术，爆款产品"，加快 5G 虚拟现实智能制作平台（无际之城）和光芒 4K/8K 云制播系统建设，推动云渲染、XR 虚拟拍摄制作技术、数字虚拟人制作工艺流程、AI 视频关键技术研究等项目取得阶段性成果，制作完成《你好 2035》虚拟演唱会。超高清视频共享制作云平台一期项目有序运转，已承载当虹科技 4K 直播系统业务、HTC 威爱工业建模、渲染等业务能力以及字节跳动火山引擎的数据服务能力，完成 45 家企业上云技术部署，投入 2.20 亿元的二期项目 4K/8K 制作底座、边缘云、归档系统＋AI 视频和音频底座项目完成验收，即将投入运营。

（五）细分产业生态圈核心竞争力明显

聚焦行业细分领域，突出技术创新，鼓励具有自主知识产权的企业和研发实验室在马栏山进行科技成果转化和落地应用，鼓励与普华永道等头部咨询机构合作，建立目标头部企业库。瞄准视听技术及科研机构、内容制作、版权服务与内容审核、电子竞技等领域板块头部企业开展专项招商行动，加强与小米科技、海云数据、腾讯影业、喜马拉雅、软通智慧、网易游戏等重点企业的对接，将人工智能、5G 等新兴企业作为优先支持企业，推进科技成果转移转化。支持创意苗圃、创意部落、创意工作室等文化创意类"众创"空间建设，加大细分产业工作力度，在平台建设、人才培养、品牌培育、模式创新等方面制定一系列支持政策，培育了一批具有竞争力的骨干企业和"独角兽"企业，进一步增强了细分产业生态圈的核心竞争力。

第二节 问题与趋势：需进一步强龙头、促融合

一 促进园区与广电生态圈全面融合

第一，与湖南广电相关产业链融合发展不足。目前尚未推动湖南广电等优势产业链与马栏山特色数字经济产业形成有机联系，延伸上下游产业链不足。园区龙头企业与视频文创主业并未形成融合发展，企业的推广、宣传、产品的延伸并未插上视频文创的"翅膀"。如何利用马栏山的"引爆"作用，利用视频文创打造多场景应用，做强省内优势产业，成为未来发展的重大课题。

第二，与湖南广电体制机制至今没有理顺。受历史等多方因素影响，马栏山与湖南广电因缺少必要的顶层设计，在人事权、财务权、干部任命权等方面管理均不相隶属，导致诸多功能定位、产业方向、发展目标存在重合。当前，如果湖南广电能够整体融合进马栏山，或者湖南广电全面托管马栏山，充分利用湖南广电的平台优势，吸引上中下游企业、合作伙伴"抱团"马栏山，必然能够实现优势互补、功能协调的园区发展新格局。

二 还原园区产业生态圈路径清晰

（一）产业厚度不足，发展方向不明

园区目前企业结构、产品线单一的问题依然存在。传统媒体产业亟待转型，新的增长点和爆点尚不明确。长视频内容竞争环境激烈，园区的视频文创产业多集中在传统内容制作端，产业链条难以延展，尤其是IP衍生开发、产业融合和线下消费端口偏弱，同质化内容多，营收模式单一。新媒体平台建设亟待优化，缺乏有影响力的新闻客户端、播出平台。

（二）金融支持仍需寻求"突破口"

针对园区所属的轻资产文创企业，现有商业银行的针对性金融产品非常少，大部分各类政策配套资金没有精准投入，撒胡椒面的做法极易

导致"添油战术"。目前担保公司承担风险的程度有限,且审批流程较长,无法满足各类文创企业跨越式发展的需求。

(三) 产业配套服务与要素聚合的路径模糊

园区企业进驻增多,但头部企业不多,生产要素互补共生的聚合效应不强,内容制作的同质化竞争使得产业资源利用效率低,强势品牌的价值链条较短,亟须制定相关政策加以解决。

三 变革园区体制机制市场化运营

马栏山作为省里的爆点和"两山两区"核心发展区域,现有运行的体制机制无法适应视频文创这种前沿新兴产业变化的发展,严重影响其管理能力的进一步发挥,园区在不同程度上存在着资源分散、业务同质等问题,园区运营集约化程度不高、数字化程度较低,治理能力和治理水平有待提高。部分领导缺乏对企业、园区经济规律和价值增长的认识,没有或缺乏赢利、自我造血意识,存在严重的等靠要思想,同时,还缺乏只争朝夕而过于强调"久久为功"的理念,现有运行的体制机制无法适应视频文创这种前沿的新兴产业的变化与发展,亟须以市场化推动去行政化来突破管理体制的壁垒。

四 提升业态协作"交融互生"高度

(一) 与产业链领航企业融合发展不足

尚未推动三一重工、中联重科、蓝思科技等工程机械和航空航天等优势产业链与马栏山特色数字经济产业形成有机联系,有效延伸上下游产业链不足,企业的推广、宣传、产品延伸并未插上视频文创的"翅膀",未发挥马栏山"引爆"和利用视频文创打造多场景应用的积极作用。

(二) 与省内著名高校、科研机构融合发展不足

在推动5G、大数据、AR/VR等技术方面与中南大学的采矿、工程机械,湖南大学的建筑设计、汽车、城市管理,国防科技大学的计算机与军民融合等省内著名高校优势研究领域融合发展不够,未能有效整合省内优质教育资源,引导优秀科技人才参与马栏山文化产业建设政策乏力,缺乏强强联合的意识与主动性。

(三) 与省内优势产业链融合发展不足

与省内 20 条优势产业链、长沙市 22 条优势产业链没有融合发展，既没有充分融合上游的原材料供应，也没有充分发挥下游产品数字介绍、5G 视频场景应用的优势，缺乏融入城市经营和结合长沙国家中心城市建设促进自身跨越式发展的意识，导致未能很好地延伸优势产业链和实现自身价值增长与产值扩大。园区内文化与科技融合发展不足，关键技术、"卡脖子"技术突破难度显著增加，5G+4K 生产基地、云制作、虚拟场景云平台等技术应用尚未成熟，代表未来发展方向的新媒体新技术新业态板块，尚未形成核心技术引领行业发展的优势，如何真正实现马栏山向"智慧文创"的转型，考验着园区企业的革新能力。从 2021 年上半年情况来看，与园区数字经济产业链高度相关的互联网和软件信息技术服务业规模不大，动力不足。其中，规模以上互联网和软件信息技术服务企业营业收入 1.48 亿元，同比下降 11.60%，增速与全省平均水平相比，低 40.40 个百分点，表明数字经济发展基础有待进一步提高。

五 健全产业生态"内外循环"体系

园区的业态发展，不能仅在广电、出版等传统业务内循环，必须主动拥抱以新兴业态为主的外循环，推动新时期湖南文化产业发展新的增长极，但目前产业生态"内外循环"体系的构建仍任重而道远。

第一，在"内循环"方面。园区内容制作版块产业基础薄弱，推动内容制作头部企业与园区广电生态开放合作内生动力不足，对电影电视、娱乐综艺、生活体验、观察秀、演技演绎、音乐等领域进行内容原创制作的数字内容制作企业开展专题招商行动还需进一步加强工作。

第二，在"外循环"方面。一方面，现有既定政策的优惠手段难以吸引其他地区的优质企业入驻园区，另一方面，通过不断让利的政策来留驻园区内的企业，容易导致各地出现"挖企业大战"和增加"内耗"，最终结果是逐渐偏离市场导向和缺乏自身革新动力，构建"内外循环"畅通的产业生态体系时不我待。

第三节　建议与对策：拓展服务供给、创新治理模式

一　建立园区与广电互生共生机制

（一）发展内容，业务共生

马栏山与湖南广电既有各自独立的业务板块，又不同程度地存在着资源分散、业务同质等问题，既都与视频产业多维交互、相对独立，又相互促进、相互支撑。因此，园区与湖南广电要在横向上进行业务交互融合，纵向上贯通产业链上下游，共同推动形成以视频产业、动漫游戏产业、数字出版产业等为主的互联互通的园区视频文创产业共生共融生态体系，以期全面助力产业园区战略构想落地实施。

（二）发展资源，平台共享

湖南广电作为园区的引擎、核心企业和产业链基础，园区可以很好地利用湖南广电的品牌效应，在省市两级党委政府的大力支持下，与湖南广电进行深度对接与融合，深化共建共享，在实现产业链、资金链、人才链、技术链"四链合一"和打造视频文创龙头企业、创新协同、产业应用和人才培养高地等方面实现平台优势共享，推动马栏山视频文创产业实现新的突破与发展。

（三）发展目标，生态共融

坚持"文化+科技"发展理念，在意识形态上守正，在表达方式上创新，以开放生态、配套聚集、外溢回流、转型升级为发展路径，依托"广电湘军""出版湘军"等的带动作用，擦亮"文化湘军"名片，与湖南广电共同推动龙头企业实现生态开放，特别是在构建内容创制及IP衍生消费业态、成版权交易新生态、基金生态、长江中游城市群产业生态等领域实现生态共融，全力打造符合主流价值观的优质内容生态共融系统。

二　打造园区产业生态圈支撑平台

（一）内容定制分发平台

大力发展超高清视频内容制作，加大超高清电影、电视剧、纪录片、

综艺、视频教育等内容生产，探索开展超高清视频综艺、演唱会、赛事、重大活动等直播服务，培育超高清视频内容产业生态。建设超高清电视采集制作、集成播出、互动分发、数据中心、管理平台等系统，实现制—编—播—发—存—传—收等主要设备及技术体系的4K化、IP化、云化、智能化升级，构建"广电＋互联网"智能一体化平台。开展超高清视频与虚拟现实、人工智能、5G等技术的融合应用，促进超高清视频内容形态和分发渠道创新。同时，湖南广电作为园区的引擎与核心，在视频内容生产、制作、分发、运营等方面形成了较为领先的产业链基础，能够为中小型视频文创企业及个人搭建集视频内容创作、分发、运营等于一体的视频内容公共服务平台，通过众创、众包、众筹等方式实现视频内容的创造、更新和汇集。

（二）文化大数据平台

全面贯彻落实国家大数据战略，积极建设国家文化大数据区域中心，推进文化和科技深度融合。依托云计算、大数据、人工智能、区块链等新一代信息技术，加强云端数据挖掘和分析能力，为数据资源的存储管理、检索调度、安全传输、交易运营等提供基础算力和云服务。打造数字资产的存储平台，通过红色影像及史料修复、传统文化的数字化创新表达、当代先进文化内容创新表达等构建特色文化基因库。推动中国"V链"数字资产交易中心等版权交易平台建设，强化版权生态治理体系建设，激活沉睡的创意数字资产，形成版权交易新生态。做优"马栏山指数"体系，提升指数影响力，构建全国视频文创产业大数据洞察体系，形成反映全国视频文创行业发展水平的"风向标"。为园区企业生产经营和园区产业发展升级提供大数据分析依据和决策支撑。

三 完善园区"有核无边"产业生态圈

（一）内容定制集群发展

推进产业集群发展配套，不仅要实现产业链上下游齐全，也要大力引进产业链供应商，形成配套聚集。引进视频文创产业链配套企业，寻求上下游配套企业，做大产业链"朋友圈"，形成招商引资的"葡萄串"效应。强化上下游企业之间的关联性和发展性，以链强产成为常态。突出"5G＋视频"，引导产业集聚集群发展，形成园区产业多点支撑、共生互补的格局。通过引导产业集聚集群发展，建成超高清视频共享制作云平台，能够高效、优质地为园区企业提供云桌面、云存储、云渲染、云超分等 10 项标准化云产品服务。

（二）统筹中下游产业链

以视频产业为核心，促进视频文创、动漫游戏、数字出版、文旅、金融等产业之间的互联、互通、互融，优化园区产业生态；利用人工智能、云计算、大数据、物联网等新技术对视频文创服务和文创产业进行全方位、全链条的改造，推动视频文创数字化成果走向网络化、智能化，做到建链强链补链，打通中下游产业各环节，从而形成园区"大企业顶天立地、小企业铺天盖地"的产业格局。

（三）行业数据分析支撑

锚定视频文创及文化大数据特色产业，定位世界级视频文创产业集群园区，积极融入长株潭一体化、长江中游城市群产业生态以及国际视频文创供应链和产业链、全球视频文创产业链和供应链，探索市场化运营，实现产品输出、能力输出、模式输出、文化输出。2018—2020 年，园区企业实现营收 1107.07 亿元，实现税收 64.72 亿元，完成固投 268.04 亿元。2021 年 1—7 月实现营收 319.55 亿元，同比增长 50.14%；完成税收 20.25 亿元，同比增长 57.46%；完成重大项目投资 45.43 亿元，占年度任务的 80.30%。进一步为园区企业生产经营和园区产业发展升级提供大数据分析依据和决策支撑。

（四）飞地模式裂变增长

积极探索功能飞地模式。基于湖南省非物质文化遗产，利用数字化技术和网络平台展示，打造非遗文化飞地；推动文化赋能乡村振兴，从原产地管理、直播体系、品牌建设、营销运营等方面助力乡村振兴，打造乡村振兴飞地；以视频的高流量、传播力、亲和力，助力文化消费、文旅消费，打造文化消费飞地；依托湖南省工程机械产业优势，强化与制造强省领导小组的对接，加强与三一重工、中联重工、山河智能、铁建重工等头部企业的联合，推动工程机械的数字模型开发、数字玩具、游戏、动漫和 IP 价值转化，打造工程机械世界级产业集群飞地。逐步形成了"创新创意在马栏山，生产制作在飞地"的协同发展模式。预计到 2025 年，建立 2—3 个飞地模式拓展区并大力推进，初步形成"有核无边"的产业空间布局。

第四节 支持与保障：搭平台、推动产业链创新链融合发展

打造强固的产业生态圈是保证"中国V谷"长期持久发展的"发动机"。在代表未来发展方向的新媒体、新技术、新业态板块，要构建具有基因意义的自身特有优势；入驻园区的企业，要大力增强企业要素互补共生的聚合效应，科技、金融、产品、市场、人才等关键要素实现匹配和互相支撑；要解决目前园区视频文创产业多集中在传统内容制作端，产业链条难以延展，尤其是IP衍生开发、产业融合和线下消费端口偏弱的问题，这些都必须要靠产业生态圈的建设来保障。

一 梳理龙头企业引领园区发展的产业清单

头部企业对园区产业链起着引领和赋能的作用，在产业发展中有着强力的方向性。园区在大力引进行业龙头企业，发挥头部企业核心作用时，要先梳理各行业中的龙头企业的属性、方向、技术优势、应用的前瞻性等企业竞争力构成，在文化创意、编导、拍摄、技术后期、推广、转化等各个环节列出关联产业清单，在上下游之间的关联性上进行对接，划分出优先级，厘清哪些是马上可转化的，哪些是未来可转化的，哪些是持续可转化的，在企业对接时需要园区提供什么样的支持与协助，在形成产业链时需要做何种粘接，为头部企业发挥带头引领作用创造条件。

有了上下游产业链产业关联清单，就可以针对园区企业制定产业关联合作的政策，通过政策驱动，让行业龙头企业带着关联小企业成长，通过企业之间外包合作、联合运营或园区购买服务赠送给企业使用的方式，加速产业之间融合，缩短产业间的融结时间，让主从企业都能够快速形成效益。在产业清单的指导下，园区在招商时有针对性地为行业龙头企业寻找潜能合作伙伴，同时也帮助进入园区的创新型企业提供"宿主"型合作企业。有了产业清单，就看清了产业发展中强势企业是谁，影响企业发展的瓶颈是什么，便于发挥园区的靠前服务作用，把产业链的每一个链接点都焊实，让产业链无论长短都紧密牢固，让园区成为一

个都不能少的产业密结综合体。

二 出台园区产业生态圈建设相关引导政策

在继续落实"四奖两补三支持"政策（企业贡献奖、企业发展奖、平台服务奖、人才引进奖，运营和信贷补贴，资金保障、土地供应、创新发展支持），结合《马栏山视频文创产业园支持总部经济发展的若干办法》，联合国家广电总局发展研究中心编制产业发展规划，深化部省共建。聚焦减税降费，加大财税政策支持力度，推动组建园区产业基金，健全保险、金融、融资租赁服务体系。

一要出台鼓励行业龙头企业"大带小"的政策。要给行业龙头企业下任务、定指标，园区内的龙头企业在项目外包外协时，如选择园区内的企业进行，并在其发展上给予技术服务上的指导，在产业化配套资金支持上，在园区可调动的资源协调上予以重点支持。龙头企业"大带小"要定性定量，确实是利用自己的项目能力带动下游产业链小型企业发展的，园区在争取省部级项目上予以重点支持。

二要出台鼓励头部企业"强带弱"的政策。园区内的一些头部企业具有极强的创新能力，发展势头迅猛，是V谷中最优秀的教练员和领队员，通过政策性引导，让这些强企与那种技术强而市场弱，或市场强而技术弱的企业搭上头部企业的发展快车，成为头部企业的紧密合作者，园区结合头部企业的需求，在人才引进、科创资金争取、创新成果孵化等方面予以政策支持，对那些以项目引领的方式带动结对子企业发展的，根据合作中创造的价值，园区在融资、税费减免和企业晋级等方面给予大力支持。

三要出台企业中"老带新"的奖励政策。企业要发展，人才是关键，企业内部的创新必须依靠企业内部的"能人"和"贤人"这些骨干来解决。从发挥个人的主观能动性入手，制定出台企业内部员工帮教激励政策，鼓励先进员工带后进员工，技术强的员工带技术弱的员工，形成内部创新的生态环境和创新基础能力。对热心带新员工成长的技术骨干，给予物质重奖，在落户、购房、子女入学等方面给予优待，在园区内形成良好的帮教氛围。

三 围绕产业生态圈实施壮链补链延链工程

目前，园区以超高清视频共享制作云平台、马栏山计算媒体研究院、国家重点实验室等创新载体建设为抓手，依托"文化湘军"的内容创意及湖南智能制造和长沙互联网产业优势，构建高新视频"制造+内容+传输+应用"全产业链体系，建设内容创制及IP衍生商业链、高格式影视工业化技术链、数字孪生及视觉预演多场景应用链等三条核心产业链。马栏山的技术图谱，包含了5G、4K、人工智能、大数据、云计算、区块链等数字科技。三年来，园区不断推动用新技术、新业态、新模式来讲好中国故事，让科技"血液"注入文化"肌体"，催生富有理性、活力和创新基因的全新文化形态。早在2019年3月，马栏山就摘得了"首批国家文化和科技融合示范基地"的金字招牌。实践证明，推动文化和科技深度融合，是提升文化产业发展品质与服务能力的重要手段和有效路径，更是马栏山视频文创产业发展的内在要求和必然结果。

加强对产业链的壮链补链延链力度，发挥生态效应。产业链生态圈体系的完整度，决定系统强大的关键，目前园区传统意义的视频制作占主流，新媒体创新应用上还有巨大空间，产业链条间的密度需紧致，链接点才牢固。根据产业清单的数据，壮链主要体现在对小视频的创意和制作上，做大做强这些部门作品体量，加大创新创意的力度，避开内容同质化，强化作品原创性，加大对创新能力的培养广度，通过走出去、请进来的培训，举办多层次的创意大赛，鼓励企业自主创新，园区打造一批优质的作品和企业，丰富和壮大产业链。补链主要体现在对新技术新设备的使用上，提高技术能力使企业较好地适应高档市场的需求。企业负责人和创意团队应走出园区，到国内外最前沿的同行企业去学习，到美国、日本等视频技术应用先进的国家去学习，开阔视野，提升技术开发、应用能力。延链上具体要在企业的产业升级上做文章，充分发挥成长型企业的能力与产业链生态圈中的合作者能够无缝对接，让创新型企业能够发挥产业链生态圈的龙头作用，形成行业标杆。推动企业主动壮链补链延链，园区需进一步落实"强链工程"，利用三年到五年的时间进行专项"强链"，制定出台推动企业"强链"的政策和激励机制，采用政府补贴和奖励相结合的方式奖励创新企业和个人，从而实现"强链"实效。

四 强化产业生态圈科技平台的领先性支撑

为把马栏山视频产业园打造成一个全域性覆盖、广泛性适用、专业性指导、使用性高效的支撑平台。园区应围绕已形成的"224"技术底座（即 2 个平台：华为公司超高清视频共享制作云平台，国家超级计算长沙中心技术创新应用平台；2 个研究院：天河文链公司区块链技术应用研究院，千博信息技术公司马栏山计算媒体研究院；4 个创新实验室：下一代互联网宽带应用国家工程实验室马栏山研究院、5G 高新视频多场景应用国家广电总局重点实验室、国家电视技术工程中心马栏山分中心【电广传媒博士后工作站】、北大互联网研究院视频技术研究中心），尽快出台促进"底座推动"的政策和机制，把推动力聚集在尖端科研资源上，使研发性平台与基础网络平台共同构成保障园区稳定运行、企业高速发展的必要条件。

一要建立平台共享共生的机制。为避免出现单个平台能力都很强，合在一起却很弱的 1 + 1 < 1 的"孤岛平台"现象，必须在平台的资源对接、能力对接、系统对接、接口开放等方面达成政策性共识，由园区牵头成立平台资源共享合作运营委员会，各平台负责技术的一把手参加，首先形成领导层的互联互通，在共享合作的机制上做好保障。通过建立平台联席会议制度，解决平台互联和企业之间互通的政策性问题；通过制定严密的合作流程，在各企业需求与平台层之间建立起应用矩阵，在资源相互使用上形成互联；通过规范资源交互的利益分配机制，在企业使用平台资源时充分体现出知识付费和能力付费，平台与企业间要形成互利；建立平台与平台间、平台与企业间、企业与企业间的协同赋能通道，在取之与之间形成相互赋能关系，共同推动园区资源共享、共生的产业链生态基础。

二要建立平台共享共生的通道。平台是园区发展的战略性支撑，但平台又是由不同的企业投建和运营，畅通是服务的基础，保证畅通必须要高站位、全领域。只有坚持省部两级对园区的领导和指导，建立有效的制度和规则，才能保障平台之间、平台与企业之间的通道畅通，才能实现无缝链接和共生共享。把企业需求与平台的服务能力作为通道畅通的要素给予其市场化定位，保证平台与平台之间，平台与企业之间，平台与各子平台之间，平台与园区管理系统之间，都畅通无阻，无感对接。要制定出台平台资源与企业用户间的对接共享方式，明确责任与义务，明确相互间的对应收益分配，要考虑其合作的长久性与稳定性。要将制度目标沉底，充分考虑到每个平台、每个企业甚至每个技术人员的收益分配与权利保障，使平台能够健康有序、持久安全地提供强力支撑，使平台发展有动力，企业使用有助力，园区运营有能力。

五 瞄准产业生态圈建设全产业链金融体系

打造全功能的视频产业生态圈需要金融创新，需要建立全产业链的金融体系，在攻坚克难时保障"弹药充足"。园区在引入具有视频文创服务特色的商业银行、融资租赁机构、融资担保机构、小额贷款机构、股权基金机构、投资银行、证券公司及会计师事务所、律师事务所、专业咨询公司等各类专业化机构时，要从体系角度思考和探索应用大数据、人工智能、区块链等新技术，构建线上线下相结合的视频文创投融资模式，开发有针对性的视频文创类金融服务产品，满足企业融资需求，降低企业融资成本。

一要建立企业金融信誉的评估授信机制。要推动入园企业形成良性发展，必须与金融机构一起对入园企业进行金融信誉评估。建立科学的企业金融评估机制，给入园的所有企业建立金融信誉档案，对企业的资金需求进行全方面评估，在资金的使用额度和时间、产品/服务的市场盈收节点、市场反馈风险控制等方面进行全向评估，形成科学的评估报告，金融机构为之进行金融授信。入园企业在金融机构里建立起来的"影子身家"对企业的战略性发展和市场应变能力将能起到助推性保障作用。

二要建立企业金融风险防范机制。帮助企业防范金融风险，既要疏通企业的融资渠道，更要帮助企业树立风险管控意识，提升企业防范金融风险的能力。园区通过专业的中介机构帮助入园企业提高评判风险的能力，积极推动视频文创企业加强对金融风险的研究和交流，增强企业家的金融风险识别能力，帮助企业堵塞产生金融风险的漏洞，防止企业出现"断崖式"系统性金融问题，保障企业正常运行。

三要开发和完善文创金融产品。由园区牵头，文创银行、担保机构和贷款公司等机构组成的文创金融产品开发体系，开发适合视频文创产业发展的金融服务产品。园区要形成以应用大数据、人工智能、区块链等技术为基础，搭建集股权融资、债权融资、知识产权质押等功能于一体的在线服务平台。创建文创金融产品要敢于探索，在"马栏山文创金融科技试验区"的战略指导下，研究入园企业需求，以市场需求为导向，来反推金融产品的创新需求，形成可靠的金融产品创新体系。

另外，园区还要大力引入新的金融与投资资源，争取与中国投资协会合作，把"中国文创投资年度峰会"落户园区。同时，园区要落实产业基金建设，加大项目投资，用好风险补偿机制，在做好服务 20 家以上企业、贷款发放金额不低于 5000 万元的基础上，争取扩大服务企业的范围，进一步扩大贷款发放额度，为园区企业做好金融保障。

[课题组组长：邓子纲，湖南省社会科学院（省政府发展研究中心）产业经济研究所所长、研究员；课题组成员：郑自立、陈旺民]

第九章

以 5G 高新视频引领马栏山高质量发展[①]

当前,伴随新一代信息技术革命,全球文化创意产业正在发生空前的深刻变革,产业融合纵深推进,新兴业态加速迭代,行业发展风起云涌,竞争日趋激烈,以信息化、数字化、智能化为基础的新型文化产业正在成为区域竞争的主力军。

马栏山视频文创产业园(以下简称"马栏山")作为全省实施"三高四新"战略定位和使命任务"领头雁"、湖南省文化强省建设"主阵地",当前正处于发展的关键时期,必须始终坚持以习近平总书记考察马栏山重要指示为指导,站在全球信息科技革命和产业变革的潮头,将 5G 高新视频作为推进文化产业数字化、引领马栏山高质量发展的新"引擎"。

第一节 以 5G 高新视频引领马栏山高质量发展其势已成

当前,伴随新一代信息技术革命,5G 高新视频已进入蓬勃发展的快车道,逐渐成为马栏山高质量发展的新动力。

[①] 本章系 2020 年国家社科基金课题:新时代高质量发展的理论逻辑与实践向度研究(20BKS043)的阶段性研究成果。

一 5G高新视频瞄准未来传播形态引领创新发展

5G高新视频是指在5G环境下产生的"更高技术格式、更新应用场景、更美视听体验"的视频，具备视频融合4K/8K、3D、VR/AR/MR、高帧率、广色域等高技术格式、新奇的影像语言和视觉体验的创新应用场景，易于引起观众兴趣并拉动消费。与传统视频比较，5G高新视频内涵更丰富、外延更具包容性、互动观看体验更强，是运用高新视频技术对传统影像语言的有效演进延伸。当前，马栏山不断集成虚拟视频、全息视频等技术，推出虚拟制片、虚拟舞台、虚拟演唱会等创新产品，为湖南广电等企业内容生产提供跨屏制播服务；同时，不断摸索数字人新赛道，积极打造引领行业创新发展的数字人生态创新平台，为马栏山高质量发展提供坚实技术保障。

二 5G重点实验室布局马栏山实现关键突破

当前，以湖南广电优势资源为支撑，湖南省成功争取到"5G高新视频多场景应用国家广播电视总局重点实验室"（以下简称5G实验室）布局马栏山，并在探索产业创新发展中积累了经验、集聚了资源，实现了融创应用到感知颠覆等环节的关键突破。5G实验室研发的54云魔数字媒体产品体系，实现新闻宣传"云录制、云采访"，应用于《歌手》等节目录制，开节目播出云生产的先河；"时空凝结"技术应用到《舞蹈风暴》节目录制中，引领全国潮流；研发的数字主持人"小漾"在湖南卫视上线后，引发全网热议。目前5G实验室运用"互动+虚拟+云渲染"技术底座，正在搭建芒果的元宇宙平台，积极参与未来传播形态竞争，推动形成产业聚集效应，为马栏山发展积聚动能。

三 马栏山文创产业价值链延展提升"崭露头角"

以云网一体化基础设施和数字内容制作共享云平台建设为契机，重点与5G、4K/8K、大数据、云计算等技术领域实验室和科技类企业合作，通过湖南广电的品牌效应，加快布局视频文创产业链上下游企业，先后与腾讯、华为、爱奇艺等头部企业在电影电视、版权服务与内容审核、游戏研发、电竞教育培训、赛事运营和服务等方面展开合作，进一步拓展了产业协同深度,提升了产业价值链。同时,积极探索将平台功能延伸到制造业服务领域,通过"长沙先进制造业 5G 云 VR 公共服务平台",联手三一重工、中联重科等先进制造业头部企业,全力探索前沿视频技术与先进制造融合发展,获评 2020 湖南省"5G + 制造业"典型应用场景。通过产业链"朋友圈"的扩大,生产要素互补共生的聚合效应和规模效益不断提升,逐步推动其他产业与马栏山文创产业的共融、共建、共享。

第二节 以 5G 高新视频引领马栏山高质量发展面临的主要问题

尽管 5G 高新视频产业蓬勃发展其势已成,但距离"引爆"马栏山,打造具有国际影响力的"中国 V 谷"还有一定距离,还存在一些短板和问题。

一 机制不顺协同管理创新不足

马栏山目前架构仍为处级,且管理权限隶属市、区,先天不足导致不但难以协调湖南广电等省直部门,在要素保障方面甚至难以协调开福区政府,且易引发省市区三级管理的府际关系的不顺或矛盾,现有运行的体制机制无法适应视频文创这种前沿的新兴产业变化的发展,严重影响其管理能力的进一步发挥。园区不同程度上存在着资源分散、业务同质等问题,园区运营集约化程度不高、数字化程度较低,治理能力和治理水平亟待提高。

二 资源融合创新发展不足

一是与省内高校、科研机构融合发展不足。苏州工业园成功的最大要素之一就是加快园区与本地高校融合发展,基于"企业学院"的校企合作模式,既填补了技术的空白,又实现了人才培养过程与实际工作过程的一致性,达到产教深度融合。湖南的岳麓山和马栏山,前者的科技、人才资源和后者的内容生产优势,可融合的点面较多。但由于马栏山园区管委会单位架构只是处级,难以直接协调"两山"之间的资源,虽有省委省政府高位推动，但目前"两山"还未形成强强联合之势，湖南大学的超级计算机中心、国防科技大学的计算机与军民融合研究机构等科技资源优势在视频生产领域未能充分发挥。二是与省内优势产业融合发展不足。目前，5G高新视频产业未能与湖南工程机械、轨道交通装备、航空动力等核心产业形成融合发展态势，有效延伸上下游产业链不足，结合长沙国家中心城市建设促进自身跨越式发展的意识缺乏，未能通过延伸优势产业链，实现自身价值增长与产值扩大。三是与相关科技融合发展不足。湖南省移动互联网产业具备一定基础，突破了一批新兴领域的关键技术，但5G高新视频产业与互联网技术之间的融合还有待加强，能助力马栏山视频主业的数字技术和虚拟技术还处于攻关阶段，创新主流媒体的未来传播形态尚处于孕育阶段。

三 优质要素供给不充分

一是高端人才供给不充分。近年来，长沙市、马栏山均出台了一系列人才政策举措，吸引了一批专业人才向园区聚集，但高端人才的缺乏仍是马栏山发展的痛点。由于当前马栏山头部企业不足，创业环境、薪资待遇相比北上广深差距明显，在"抢人大战"中缺乏优势，人才引不来、留不住。如5G实验室在谈的一个专业技术人才，被腾讯公司以10倍薪酬"抢走"。二是产业链配套供给不充分。从园区内来看，湖南省5G高新视频产业集群尚未形成，2021年上半年规模以上互联网和软件信息技术服务企业营业收入1.48亿元，同比下降11.60%，增速与全省平均水平相比，降低40.40个百分点，园区数字经济发展基础有待进一步提高；从园区外来看，湖南省优势在于传统视频产业，但5G高新视频产业的上下游产业核心企业主要集中在北京、长三角区和粤港澳大湾区，这些地区集聚的全国互联网百强企业占到82%。园区企业进驻增多，但要素互补共生的聚合效应不强，内容制作的同质化竞争使得产业资源利用效率低，强势品牌的价值链条较短。人工智能、大数据、5G、区块链等与园区产业的融合度也较低。三是创意开发资金供给不充分。各类政策配套资金支持力度大，但难以精准投入，"撒胡椒面"式的投入易导致"添油战术"的战略资源消耗弊端。核心产品线全面铺开对资金的持续需求也难以单靠财政资金来满足，亟待成立或用好相应产业基金，整合资金、技术等关键资源，分层次、有重点地参与市场化运作，支持产业链核心企业做大做强。四是其他生产要素供给不充分。如马栏山企业用电纳入大工业用电范围、长沙接入国家级互联网骨干直联点等问题还有待解决，园区硬件建设和软件服务水平还需进一步提升。

四　产业协同效益不显著

目前马栏山视频文化产业园产业结构单一，新的"爆点"不明晰。马栏山视频文创产业主要集中在高门槛长视频、动漫、数字出版等传统产业，对不断涌现出的新技术新应用新业态关注度不高，没有很好地把握数字经济发展趋势和构建视频文创、文化大数据等具有全球竞争力的硬核主导产业集群，上下游产业链条较短，产业结构单一，持续推动"固链—补链—强链"后劲不足，缺少"现象级"的内容产品。

湖南省5G高新视频产业还处于萌芽期，其从成长、成熟到稳定产出尚需周期性发展过程，目前经济效益尚不明显。重点建设中的5G实验室等科研机构尚处于发展起步阶段，在短期内还难以实现核心产品的大规模市场化应用，更不足以实现资源整合、建立全产业链集群。相比之下，高新视频发展较快的广东省，自开通全国首个省级4K频道后，已集聚形成广、深、惠3个产值超千亿元的超高清视频产业集群。山东青岛5G高新视频实验园区围绕高新视频内容产品创新、高新视频云、软硬件设备研发生产、应用集成创新、内容监测监管与数字版权服务六大产业板块，已签约引进高新视频产业企业及机构108家，其中华为、海信、京东方等行业头部企业近20家。

五　产业空间固化发展潜力受限制

马栏山产业空间转型受到产业发展路径依赖下的产业空间"锁定"、多元利益主体博弈下的产业空间固化、府际关系下的产业空间碎片化等因素制约，难以形成"有核无边"的产业空间布局，"飞地园区"模式暂时停留在设想阶段。

当前园区空间布局尚需进一步优化。园区主标志、主通道、主展示空间不明晰，产业空间固化等问题依然存在。"飞地园区"模式暂时停留在设想阶段，园区产业溢出之后的空间不足问题需要新模式与新思路进行解决。

第三节　以5G高新视频引领马栏山高质量发展任重道远

当前，马栏山正处于我国"两个一百年"奋斗目标的历史交汇期和发展的关键时期，必须始终坚持以习近平总书记视察马栏山视频文创产业园的重要讲话为指导，深入贯彻落实党中央、湖南省委省政府关于如何推进马栏山高质量发展的目标要求，切实担负起承载2035年建成文化强国使命的"主阵地"、实施"三高四新"战略定位与使命任务、湖南高质量发展"生力军"的重任。

紧紧围绕习近平总书记考察马栏山时肯定马栏山"文化和科技融合"模式的指示精神，对标全国领先、世界一流的目标，聚焦5G高新视频产业存在的短板弱项，精准施策，攻坚克难，高位推动5G实验室申报国家重点实验室，把5G高新视频产业打造成马栏山高质量发展的新引擎、新优势。

一　坚持守正创新，弘扬优秀传统文化

一是坚持把社会效益和经济效益相结合放在首位。以庆祝建党百年和开展党史学习教育为重要契机，大力弘扬和培育社会主义核心价值观，努力实现社会效益和经济效益有机统一，争做守正创新的排头兵。二是推出系列中华优秀传统文化产品。以"双创"为导向，利用数字技术赋能文化产业，推动中华优秀传统文化内容数字化、网络化，推出一批以网络电影、网络剧、网络直播、网络表演等形态呈现的高品质网络文化产品，满足不同群体的文化需要。三是推进红色文化数字影视工程。加快完成1964年版黑白电影《雷锋》高格式彩色修复和电影《永不消逝的电波》《毛泽东在1925》《刘少奇的44天》《国歌》等红色经典修复。加强与潇湘电影集团的战略合作，推进红色经典影视修复生产线建设，组建"红视频轻骑兵"，联合马栏山新媒体学院、长沙理工大学等院校开展影视修复技能培训。四是创立国潮文化品牌实验室。推进敦煌研究院与长沙战略合作，设立敦煌数字创新创意中心，推进原创动漫《山海世界》

及其衍生品开发。以青年视角展现潮流榜样，打造青年国潮文化，孵化国潮品牌，举办青年国潮节活动，在全球化的时代展现中华之美。

二 做大做强主业，完善产业生态圈

一是打造千亿级视频文创产业聚集区、文化和科技融合创新示范区。构建原创内容生态。以湖南广电等龙头企业为引擎，开放内容生态，提升马栏山内容创制能力，打造一批"现象级"内容产品。建强技术底座。加快新型基础设施建设，依托华为云音视频创新中心，推动5G高新视频多场景应用，形成高新视频内容制作流程、技术工艺、视觉美学等标准。推进自主可控。以应用场景推进协同创新，推进国产替代、自主可控，解决关键技术"卡脖子"问题。实现自主计算构架下芯片、服务器、软件在音视频行业的规模化应用。加快跨界融合。加快5G高清视频与工程机械、轨道交通、航空动力等优势产业集群融合发展。推动内容创意与技术研发企业创新融合，打造媒体融合的标杆。围绕产业链精准招商，培育一批本土头部企业和"独角兽"企业。二是建设国家文化大数据区域中心。做强媒资存储。积极融入国家文化大数据体系建设，打造数字资产存储平台，建设红色文化、当代文化等基因库。做强版权生态。以数字技术为依托，推动中国"V链"数字资产交易中心等版权交易平台建设；完善马栏山版权服务中心公共服务平台，拓展知识产权服务范围，促进产权运营，形成版权交易新生态。做强指数体系。做优"马栏山指数"体系，构建全国视频文创产业大数据洞察体系，形成反映行业发展水平的"风向标"。三是建设国家级数字影视技术体验和内容衍生消费示范区。抓"五区"融合。推进区域合作，设立"辐射区""加盟区"，以数字影视技术，赋能线下文旅，用视频内容IP驱动衍生消费，加快"园区、社区、校区、城区、景区"融合发展，在参与主体和辐射区域上持续扩容。促消费升级。依托长沙超级城市IP，以内容原创能力，充分挖掘红色文化、优秀传统文化和青年文化，孵化国潮品牌IP，利用虚拟现实等技术，拓展文创消费方式，发展数字文旅。建"城市客厅"。探索建立"产业园+游乐园+商业街"模式，加快从观光经济向体验经济、从区域旅游向全域旅游转变。

三　理顺体制机制，推进协同管理创新

一是加强顶层设计，优化管理体制。可探索或参照湖南湘江新区管理模式，由长沙市市委副书记、市长任马栏山视频文创产业园党工委书记，湖南广电一名精通金融行业的党委委员、副总经理（副台长）任党工委副书记、管委会主任，长沙市委宣传部一名副部长任党工委委员、管委会副主任。同时，为加强合作与交流，一方面，省委宣传部、省发改委、省科技厅、省文旅厅可派具有视频文创相关知识背景的专业人员在马栏山任职或者挂职；另一方面，马栏山平台公司与湖南广电可考虑以双方互派代表、交叉持股、技术共享、利益共享等为主要合作方式，推动科研团队、专业人才、文化创意、重大项目、资金等彼此开放，突破现有管理体制机制障碍。二是加强校地合作，推动协同创新。以中南大学、湖南大学或者湖南师范大学优质教育资源为主要依托，取代长沙学院或者以长沙学院为辅助，全力推进中南大学、湖南大学或者湖南师范大学与马栏山共同创建马栏山新媒体学院，打通校地合作新通道，提高视频文创人才供给能力和协同创新能力，从而形成校地战略合作发展新格局。

四　加快产研融合，实现技术新突破

一是打通"两山"之间产教融合和资源共享渠道。深入贯彻落实省委省政府"两山"协同发展思路，进一步完善马栏山园区管理体制机制，发挥好5G实验室的技术龙头作用，强化科技突破对产业规模效益的提升支撑作用。二是培育孵化文化与科技融合重要平台。将5G实验室作为核心技术研发平台，整合湖南广电全系统的技术研发资源、创新人才资源、行业数据资源，积极向科技部申报5G实验室为国家重点实验室；与腾讯、阿里、抖音、快手等核心互联网企业展开深度合作，积极引进国内IT行业龙头企业和技术研发类企业，孵化本土科技创新引擎和独角兽企业，以高新视频创新型企业引进带动产业发展。三是依托湖湘科教力量，与省内高校、科研院所、核心信息企业建立合作攻关机制。聚集5G高新视频全流程最前沿技术要素，协同开展重大技术专题攻关。加快"高新视频产业云平台"等公共技术服务平台建设，致力变现、整合、连接、

输出"四大能力"建设。

五 加快产业融创，拓展产业新业态

第一，大力推进5G高新视频在湖南广电、芒果TV落地应用。在牢牢把握政治方向、舆论导向、价值取向的前提下，用更有想象力的技术底座和内容产品，加速传统媒体转型未来新媒体，形成新的产业优势和核心竞争力。

第二，推动5G技术与文化产业的合作与应用。围绕视频产业生态圈、动漫游戏电竞产业生态圈、数字出版产业生态圈三个核心圈层，结合体育产业、文旅产业、康养产业等其他相关产业，打造高新视频新产品、新应用、新业态。

第三，推动5G跨界融合、催生新兴业态。构建"高新视频+工业互联网"的智能制造专网等新型城市文化业态，将5G数字技术、视频内容与先进制造业、教育、医疗、养老等行业融合起来，产生变革升级飞跃。

第四，做大5G高新视频技术多场景应用产业。以5G高新视频多场景应用国家广电总局重点实验室为中心，推动视频跨娱乐、跨内容，进入工业、农业、医学、交通等领域多场景应用。创新基础设施建设，完成虚实结合智慧演播厅建设。以研发"马栏山盒子"为示范，打造应用场景驱动和头部企业牵引的视频装备研发制造产业链；实施"马栏山技术应用推广"行动，推进红色文化数字影视工程、AI手播报、5G智慧电台、5G+4K技术平台、先进制造业5G云VR公共服务平台、可移动高清实时上云技术等研发应用，建设全国最大的4K内容生产中心、4K媒资智能存储中心、4K内容交易中心。

一是工业制造。引入先进制造业5G云VR公共服务平台实验室，在工业设计建模、智能化产品制造方面的优势为本地制造业发展强化支撑。积极构建新型智慧工业，服务于产品展示、实时操作指引、日常巡检、生产动态展示、员工培训等关键领域。

二是医疗。助力医疗资源公平化进程，进一步实现高端医疗资源的深度共享。实现从教学培训和辅助康复延展到时效性更强的救治和诊疗中，拓宽医疗领域应用场景。积极拓展虚拟医学教学培训、远程医疗健康监护以及突发应急事件指挥等广阔的发展空间。

三是教育。积极拓展5G+VR沉浸式教学场景，实现全息投影，通过虚拟现实技术，实现沉浸式教学，实现教学模式的颠覆。依托"5G+AI"打造个性化教学模式，实现个性化教学泛教育行业，开拓视频云应用场景，积极拓展企业内部培训、医疗学术分享等领域。

四是体育。通过5G技术和基于5G+的应用，拓展5G体育赛事直播场景，依托VR/AR、360全景视频等技术，打造身临其境的沉浸感场景，推动个性化定制服务。

五是城市管理。积极拓展从节能环保到便民生活，智慧交通到智慧医疗等方面智慧城市建设中的应用落地。发挥5G网络支持4K全高清式监控技术优势，结合云服务优化视频监控的成本和效率，助力视频监控系统在智慧城市建设中的应用。

六是乡村振兴。以"内容电商+直播"为巩固脱贫地区农产品变现的高效工具，为乡村振兴提供多样助力。依托小芒电商等内容电商平台，助力农产品营销、品牌传播、新媒体内容制作等。开展直播助农活动，让农技专家通过在线开设课程，提供技术服务，针对性地为农户解决生产和经营难题。

七是电子竞技。布局电子竞技赛道，推进乐田智作电竞直播项目建设，推动腾讯电子竞技战队、赛事、场馆、产业项目加快落地实施。

第五，加快新型基础设施建设。瞄准5G商用、人工智能、大数据中心、云计算、物联网等国家重点新基建项目，紧盯数据、算法、网络、装备等未来文化科技发展的关键领域，进一步发挥科技在文化产业发展中的支撑、提升和引领作用。围绕5G基建、大数据中心、人工智能等领域，在完善园区双向电力保障和光纤局域网的基础上，推进5G+云的技术底层的建设。建设IDC通信机房等大数据中心、云计算中心，规划人工智能底层硬件布设。促成5G+云的技术底层，IDC通信机房等大数据中心、云计算中心投入使用，架构人工智能底层硬件、通用AI技术及平台。提升视频文创产业基础能力，支撑视频文创产业向网络化、数字化、智能化方向发展。

六　打通内外循环，开拓业务新市场

一是巩固扩展国内市场占有率。以高新视频企业为主体，积极探索基于 5G 网络的个性化定制、精准化营销、协作化创新、网络化共享等新型高新视频生产经营方式和业务形态，形成多元商业模式，保持国内行业第一方阵的领先地位。二是加大国际合作交流力度。依托马栏山园区，根据与国际接轨的交流合作需求，做好 5G 高新视频 XR 棚建设，吸引国际投资，推动马栏山在高新视频制作、影视拍摄方面深度参与国际合作与交流，从而更加高效地整合全球优质资源，搭建面向世界的开放平台。三是发展高新视频产品服务出口贸易。抓住湖南自由贸易区建设的契机，积极推动高新视频产品、服务走出去，推动 5G 高新视频产业在更高层次上参与世界行业标准规则制定，参与国际分工体系，以更加有力的竞争优势占据全球产业价值链的中高端。

七　强化要素设计，提升政策新优势

一是加大配套政策支持力度。站在全国视野，加强对园区、对高新视频产业政策研究，制定出台在全国具有竞争力的政策举措，依托园区加强 5G 相关新型基础设施建设，打通技术向现实生产力转化的通道。完善政策服务体系。以培育扶持自主品牌企业为抓手，加大资源要素、政策服务倾斜力度，促进重点企业规模化、品牌化发展，建立企业培育全流程服务体系，为企业提供专业化培训，培育形成一批有创新特色、有核心技术、有品牌带动作用、高技术、高效益的地标型中小企业，带动提升整个产业核心竞争力，塑造出更多新标杆，打造园区企业"百花争艳"的格局。二是加大资金投入力度。整合现有财政专项资金，通过贴息贷款、运营补贴和创新奖励等方式，参照湖南省给予农林类重点实验室的做法，将马栏山 5G 实验室纳入财政专项预算，每年给予一定研究经费支持。充分发挥文化类产业基金的作用，支持内容视频产业转型升级。提升金融服务水平。完善政银担合作机制，落实"4321"风险分担机制，与银行建立合作关系并签订中小微企业比例再担保合作协议，优化"税源贷"业务细则，调整企业纳税基数，增加"税源贷"担保额度。紧盯信贷投放，出台《马栏山银行业金融机构支持地方经济发展考核奖励办

法》，优化资金配置增加信贷投放。三是加大人才培养引进力度。建设好马栏山新媒体学院，打通学院与园区合作通道，定向培养5G、超高清、虚拟技术、人工智能等专业技术人才。通过实施核心创新项目，在实战中培养历练，推动传统内容创作者向高新视频研发制作复合型人才转型。做创意人才蓄水池。支持媒体和文化企业实施人才聘用制度改革。在专业技术职务之外，设立符合特聘岗位条件，根据相关规定实行年薪制、协议工作制，破格使用人才。支持引进文创人才。对经认定的带着拥有自主知识产权的文创项目和文创品牌的专家、企业家在长沙落地发展，并作出重大贡献的，给予资金资助。对全市重点新引进的急需紧缺文创专业技术人才和高层次人才设立"城市文化贡献奖"，对文化创意产业和公共文化事业作出重大贡献的集体和个人，给予奖励。支持培养文创人才。加强长沙市文化创意高层次人才认定，落实人才绿卡等系列奖励服务措施，培养和扶持有潜力的文化创意人才。对获得国际性、国家级、省级各类精品工程、文化艺术奖项的主创人员给予奖励。支持建立文创名师工作室和文创高层次人才培训基地。通过用人政策、人才引进、人才奖励、技术奖励、创新合作等，确保园区人才"蓄水池"战略规划落地实施。不断优化园区人才政策，以打造国家重点实验室为契机，引入高精尖人才，提升人才的储备厚度和聚集力度。

八 拓展发展空间，探索"功能飞地"模式

一是美化外观设计。加快推进核心新建区夜景亮化规划、形象视觉系统设计、户外广告规划设计。二是优化空间布局。坚持"产城融合、区域一体、以人为本、紧凑集约、绿色低碳、智能智慧"的理念，以功能集聚活力迸发、体验丰富互动十足、空间复合层次分明为目标，打造"园区、景区、社区、城区"相融合的精致精美水天一色的马栏山。三是积极探索功能飞地模式。基于湖南省非物质文化遗产，利用数字化技术和网络平台展示，打造"非遗"文化飞地；推动文化赋能乡村振兴，从原产地管理、直播体系、品牌建设、营销运营等方面助力乡村振兴，打造乡村振兴飞地；以视频的高流量、传播力、亲和力，助力文化消费、文旅消费，打造文化消费飞地；依托湖南省工程机械产业优势，强化与制造强省领导小组的对接，加强与三一重工、中联重工、山河智能、铁

建重工等龙头企业的联合，推动工程机械的数字模型开发、数字玩具、游戏、动漫和 IP 价值转化，打造工程机械世界级产业集群高地。

［课题组组长：邓子纲，湖南省社会科学院（省政府发展研究中心）产业经济研究所所长、研究员；课题组成员：廖卓娴、徐淑芳、向松林］

第十章

文化生产力助推湖南自贸试验区建设的路径研究

文化生产力的核心是"力",具备两种属性。一是直接的物质属性,即通过文化企业直接增加的物质财富,也即 GDP,可称作直接生产力;二是通过塑造人们的灵魂,激励人们的精神,鼓舞人们的斗志,从而在更广阔的范围生产更多的财富,这可以叫作间接生产力。文化生产力助推湖南自贸试验区建设,既可以直接发展文化产业助推文化贸易,又可以提升产品和企业文化价值增强其竞争力。加快发挥文化生产力对于湖南自贸试验区建设的积极作用,应当立足于湖湘优秀文化和产业基础,强化文化引领与赋能企业发展、文化引领与赋能自贸试验区发展,充分发挥开放、改革、创新的联动效应,走出一条以文化引领、科技助推、"两山一区"联动的湖南自贸区发展的新模式,全面提升湖南自贸区在全球产业分工体系的参与度和影响力、竞争力。

第一节 湖南自贸试验区建设内在文化需求

一 文化生产力把握自贸试验区建设的主导方向

自贸试验区作为中外文化碰撞、交融的结合地带,一方面由于大量输入各种外来文化信息,形成了不同于地域、民族文化的特殊文化环境,各种观念、思潮在这里进行交锋、论战。另一方面,由于参与其中的个体具有知识密集、思想活跃、见闻广博的特点,他们受各自民族文化的熏陶又置身于世界各地文化交汇的大背景中,总是不断向社会传播、辐射自身的传统文化观念,同时又能建构自己的超前新理论、新观念,对自贸试验区文化进行某种程度的导向。面对开放程度更高的自贸试验区,人们将面临更多元、多变、多样的思想和文化冲击,必须以积极主动的姿态,充分发挥文化引领社会思潮、凝聚人心的作用,大力弘扬社会主义先进文化,确保马克思主义在自贸试验区意识形态领域的指导地位,确保自贸试验区的建设不偏离习近平新时代中国特色社会主义思想。在主导文化塑造方面,以韩国为例,韩国文化产品之所以能够在亚洲风靡,很大程度上是由于其文化产品融入了儒家文化的精髓,具有非常鲜明的文化特色,易被周边国家接受,也强化了文化资源转化为文化资本的实力,并极大地影响了韩国外贸产品结构和韩国自由贸易港区的发展。

二 文化生产力提升自贸试验区建设的人才素质

弘扬红色文化、传承创新湖湘文化、发展文化创意产业等既是文化生产力发展的组成部分,又能增强自贸试验区人才的文化自信,凝聚文化向心力,还能打造努力奋斗、积极进取、不忘初心、牢记本源的文化氛围,促进自贸试验区人才传承发扬中国社会主义文化的精髓,从而为自贸试验区发展创造良好的人才氛围。以香港自贸区为例,香港是名副其实的亚洲创意中心,以时装、音乐、影视为代表的香港流行文化产业在区内久负盛名,建筑、设计和广告业在创意方面也优于区内其他区域。文化创意在香港发挥了举足轻重的作用,如为从业者带来丰厚利润、促进香港经济转型升级、增强香港整体文化品牌、助推香港成为生活优质化的国际大都市等。繁荣的文化创意产业吸引了世界各国的顶级文化创意人才,为促进香港自贸区发展集聚了人力资源优势。

三 文化生产力拓展自贸试验区建设的贸易业态

以文化为先导、为推动,积极培育具有行业主导性的文化产品,综合借助金融、科技的力量,催生创意文化衍生品,提高文化产品的附加值,形成文化产业链和文化品牌。由此,可以进一步丰富自贸试验区的贸易业态,从简单的商品贸易衍生拓展到蕴含文化的商品贸易,递进衍生到以文化为显著特性的服务贸易。以上海自贸区为例,借助其资源、区位等优势,着力发展演艺业、文化旅游业、文物博物业、民间文化创意、文化会展和动漫等重点领域，鼓励自贸区的文化贸易开放，推动了文化创意产业多业态发展，极大地拓展了文化贸易渠道。

四　文化生产力增强自贸试验区建设的发展活力

文化产业具有绿色、环保等新经济特征，在产值贡献上，它低投入、高回报，文化产品多以虚拟化、可复制化的形式呈现，有助于资产的优势利用；在实现产业链运营方面，它更容易打破行业界限和区域限制，有助于湖南中西部地区和农村文化资源的开发；从商品特征上看，文化产业容易形成差异化业态，每个产品都独具特性，别具匠心，独创性的设计风格和设计理念，都最大限度地增加了商品的附加值。从消费目的上讲，消费者不仅享受到了物质需求的满足，其本身也是一个文化消费和价值消费的过程。以上海自贸区为例，将三网融合的前沿内容融入现代文化产业，网络技术和文化内容相辅相成，实现手机、电视、电脑三屏融合，将科技属性融入文化产业，带来新型文化业态，为传播者和受众者的互动带来根本性的变革，实现了自贸区、人、文化生产力三者的良性融合。发展文化产业，吸纳形成新的文化生产力，既符合自贸试验区功能定位，也将极大地增强自贸试验区的发展活力。

第二节　湖南自贸试验区发展中文化赋能的脱节之忧

一　支持先进制造业高质量发展的融合力不强

制造业是湖南经济发展基础，在生产要素成本不断上涨、劳动力短缺的压力下，湖南制造业正在进行转型升级的重新洗牌。除了用科技革新提高制造效率与品质外，另一条重要途径是以文化创意主动适应、激发、引导市场需求，通过"文化创意＋传统工业产品＋工业互联网"，拓展并完善产业微笑曲线两端的研发设计、品牌营销等环节，进而提升产品的附加值，实现制造业的转型升级。文化与先进制造业的融合力不强，一方面，制造业与生产性服务业之间缺乏有效沟通，没有实现无缝对接、对接效益最大化，制造业对生产性服务业的推动作用不明显。从湖南省2022年制造业100强和服务业50强企业情况来看，由制造业100强带动与支撑服务业50强企业不明显,大型制造业企业的生产性服务业内部化、非交叉化倾向严重。另一方面,湖南文化企业本身影响力与实力不弱,广电、出版、动漫等行业在全国处于领先地位。但是,服务业生产性企业的文化服务企业规模小、品种不丰富、结构不完善、专业化水平不高、同质化现象严重,缺乏核心服务力,生产性文化服务业与制造业的互动关系基本还处于"小点对小点"的发展阶段,离"大点对大点""点对群""群对群"的互动发展最佳模式还有较大的差距。文化服务企业"大点对大点"服务,我们的一流先进制造业企业的文化服务基本上请"北上广深"的高水平、大企业服务。"点对群"的文化服务难度更大、服务要求更高,湖南省文化服务企业更难以承担。湖南自贸试验区、长沙经开区与其相邻的马栏山视频文创产业园"群对群"互动发展显然还没有实质性进展。文化与先进制造业的融合力不强,影响了以先进制造业出口为主导的自贸试验区对外贸易,加之疫情的全球蔓延和物流成本的暴涨,长沙片区2021年1季度增幅只有15.52%,距离年度同比增长30%的目标差距较大。

二 构建服务新业态高质量发展的创新力不强

在文化科技创新活动中,需要投入高质量的知识资本和技术资本将新思想转化为新技术。湖南省文化科技企业以中小企业为主,以长沙市为例,2020年全市规模以上文化企业中,大中型企业195家,仅占全市规模以上文化企业数的16.90%,小微型企业960家,占全市规模以上文化企业数的83.10%。受限于企业资金规模、技术水平和人员配备,企业对于文化科技研发投入相对有限,致使企业文化科技融合创新能力较为薄弱,直接影响了文化科技成果的产出和转化。同时,由于湖南省文化产业发展缺乏公共创新平台,企业与政府、园区之间的协同创新不够、联动性不强,导致产学研合作层次不高、深度不够、动力不足,造成了产学研脱钩现象,整体创新度和转化率均不高。由于缺乏创新,自贸试验区贸易模式仍是以加工贸易为主,受黄花综保区SMT产业转型升级的影响,加工贸易主体从50余家下降到33家,2021年1—4月实现加工贸易额56.30亿元,同比下降51%。

三　推动进出口贸易高质量发展的支撑力不强

2020年，湖南省进出口文化产品316亿元，占全省进出口总值的6.50%，其中，出口313.90亿元，占全省出口总值的9.50%；进口2.10亿元，占全省进口总值的0.10%。从增速上看，2020年文化产品进出口较上年同期下降11.50%，而2020年全省进出口较上年同期增长了12.30%。可见，文化产品在进出口中的占比较低、增速也在不断下降。在结构方面，湖南对外文化贸易以出口贸易为主，贸易顺差逐年增加。同时，对外出口的文化商品主要集中在工艺美术品及收藏品和文化用品这两大类上，商品附加值相对较低，仍处在全球文化价值链的低端，且与组装加工的贸易方式密切相关；进口主要集中在工艺美术品及收藏品和文化专用设备上，出版物和文化用品类商品进口占比相对较低，在进出口商品结构上体现出了一定的不均衡性。

第三节　文化生产力助推自贸试验区发展的路径

一　融入内外循环，传承优秀文化

以自贸试验区为主体，打造融入国际国内循环、传承优秀湖湘文化的主阵地。紧紧围绕主题主线主旋律持续发力，坚持中国故事、国际表达，争取加大扶持力度，精选优选、精细译配、合作制作体现当代中国价值观念、中华传统优秀文化精髓魅力并具有国际影响力的优秀影视作品和广播电视节目，以"一带一路"为主线，加快"走出去"步伐，继续提升中华文化、湖湘文化的国际影响力。加强不同区域对外文化贸易协同发展，优化区域贸易结构，不断发掘和利用长株潭、湘南、洞庭湖区、大湘西各地市的优势文化资源，结合当地民族文化特色，发展具有比较优势的文化产业并推动融入国际文化产业链、价值链，加快文化"走出去"步伐。紧扣中非经贸论坛、文博会、农博会、矿博会大型活动做好对外宣传，围绕重大主题讲好湖南故事，向世界充分展示湖南发展成就、人文历史和秀丽风光。深化对外文化交流合作，积极参与"广交会""东博会""服贸会"等国家级对外文化交流平台，进一步打造"湖南文化走向世界"品牌，不断提高湖南的知名度和美誉度。拓展文化合作渠道和平台。支持推送一批思想精深、艺术精湛、制作精良的文艺院团和精品剧目亮相国际舞台。推动文化贸易高质量发展，支持推动更多的湘书、湘剧、湘影在海外热卖、热演、热播，进一步实现文化产品从"送出去"到"卖出去"的转变。打造自由自主海外传播平台，建立外宣人才人脉资源库。积极壮大自建脸书、推特、抖音等海外融媒体传播平台，构建新型海外传播体系，精心制作一批反映富饶美丽幸福新湖南的外宣精品。

二 助推产业融合，赋能制造发展

突出自贸试验区临空经济属性，利用自贸试验区制度创新容错机制，开展先行先试，营造制造业与文化产业融合的发展环境。建设一个公开、平等、规范的产业互动发展环境有利于制造业与文化产业的紧密接触和良性互动发展，这样更加有利于两者的"无缝对接"。综合运用产业政策，消除政策差异，促进产业公平，逐步取消文化产业在用水、用电、用气、用地、价格、税收、资金融通等方面与其他产业的政策差异。放宽文化产业市场准入条件，引入竞争机制，允许更多外资、民营企业参与文化产业的发展。加强湖南经济体制改革，充分发挥市场机制的调节作用，创造公平、公正的市场化环境。调整文化产业的发展方向助推制造业转型升级，围绕制造业的发展需求扩大设计、研发、标准等文化产业的业务范围，建立有针对性、有特色的文化产业，使文化能够更加有效地助推制造业特别是高端制造业的发展。加大文化产业集群与制造业集群的有效对接，依托制造业的集聚发展，放大对文化产业的有效需求，进而实现制造业集群与文化产业集群之间的"群间互动"。

三 做大文产集群，赋能文化出海

积极依托自贸试验区文化产品出口的便利条件，积极探索在教育、工程咨询、会展、商务服务等领域形成市场采购、跨境电商等进出口模式，助力培育壮大企业主体。持续酝酿成立省文旅集团，填补省级文化旅游产业主体空白，打造全省文化旅游对外开放的重要引擎。依托自贸试验区跨境投融资便利化的有利条件，学习借鉴发达地区经验，酝酿成立省文化产业投资管理集团，为促进文化产业和文化贸易跨越式发展提供多元化支撑。继续发挥湖南广电、湖南出版内容制作引擎作用，积极引进国内外IT行业头部企业和技术研发类企业，支持重大外资项目在区内落地，孵化本土科技创新引擎和独角兽企业，积极培育上市企业以及后备上市企业，选择一批有前景、有竞争力的企业进行培育，支持离岸贸易业务和总部经济发展，建立全球订单分拨、资金结算和供应链管理中心。依托各类孵化器等平台，持续推进中小微企业、创业主体发展，培育一批后备文化企业。

第四节 文化生产力助推自贸试验区建设的对策建议

一 完善核心基地，壮大发展主体

（一）打造以长株潭为核心的全省文化产业增长极

发挥长沙"世界媒体艺术之都"和国家级文化出口基地的优势，依托长沙创意文化、株洲工业文化、湘潭红色文化资源，以湘江为纽带，主打"锦绣潇湘·伟人故里"区域品牌，着力构建湖湘文化产业走廊。聚焦文化产业新兴业态、文化+、文化出口等重点领域，推动"文化+科技+旅游+体育"深度融合，积极发展新型影视和互联网视听、数字出版、动漫游戏、新型演艺、创意设计等重点产业，做大做强长株潭文化产业集群，不断提升长株潭文化IP的价值和影响力，结合湖南自贸区在政策支持、业务拓展、IP资源推广、招商引资以及运营推广等方面优势，进一步放大长株潭文化IP价值，增强其全球影响力。

（二）加强自贸试验区与马栏山视频文创产业园等园区的深度合作

发挥马栏山视频文创园的领军示范作用，以视频产业为核心，建链强链补链，促进视频文创、动漫游戏、数字出版、文旅、金融等产业之间的互联、互通、互融，利用人工智能、云计算、大数据、物联网等新技术对视频文创服务和文创产业进行全方位、全链条的改造，推动视频文创数字化成果走向网络化、智能化，打造5G高新视频体系，树立高新视频的中国标准，构建政府引导、政策支持、园区支撑、企业主理、风险可控、创新融合的数字贸易新机制，形成在高新视频领域的国际领导力。

(三) 促进湖南自贸试验区与湘江新区"双区"联动发展

加快推进湖南自贸试验区与岳麓山国家大科城、长沙高新区国家文化和科技融合示范基地等园区、基地的联动发展。依托湖南自贸试验区区物流与跨境电商优势，发挥临空经济运营效率，提升湘江新区先进制造业尤其是信息制造业的服务化水平，增强先进制造业竞争力。依托湖南自贸区金融改革的便利条件，大力发展有利于先进制造业和先进文化产业发展的金融创新，积极发展科技型金融、外贸型金融、供应链金融和租赁、保险、资产管理公司、证券、基金等非银金融行业，为先进制造业提供全生命周期的金融服务。

二 发展新兴业态，优化贸易结构

(一) 发展文化新业态

围绕视频、动漫、出版等文化贸易重点产品，大力发展"互联网+""文化+""IP+产业"等新业态。大力发展网络视听、文博会展、数字演艺、增强现实和虚拟现实、电子竞技等新型文化业态，支持5G、大数据、云计算、人工智能等新兴技术与影视传媒、新闻出版、演艺娱乐、动漫游戏等传统优势文化产业相结合。加强动漫关键技术研发和内容形式交叉融合发展，推动人机互动、新型视听表达、手势识别等技术深度开发与应用。支持发展网络视听、网络动漫游戏、网络艺术品交易等新业态。推动广告技术创新，探索跨媒介、跨平台、跨业态的融合发展模式，加快发展高端广告创意策划、设计制作等服务，大力发展互联网广告和数字化精准营销。

(二) 发展制造新业态

聚焦工业设计、品牌培育、工艺美术、工业遗产、工业博物馆、工业旅游等业态，通过新技术的深化应用，推动多业态融合发展，发展"大"工业文化产业，促进产业转型升级。加强湖南自贸试验区工程机械、食品加工、轨道交通等产业与产品和湖南先进文化元素的有效结合，推动文化创意要素投入制造业中，参与其产品的价值创造，使制造业创造出具有文化内涵的新产品，进一步创造出差异化、高利润的新产品，开辟出新的市场，实现价值创新，推动制造业的发展与升级。

（三）发展商贸新业态

支持线下经营实体加快新理念、新技术、新设计改造提升，向场景化、体验式、互动性、综合性消费场所转型，打造集创意设计、科技研发、采购交易、时尚消费、品牌发布等功能于一体、线上线下相结合的专业消费市场和国际免税店。加快引进国际顶尖商业品牌，制定国内外高端商业品牌目录和引进措施，鼓励引进知名品牌在湖南自贸试验区开设首店、首发新品，带动扩大消费。积极引进大型物流企业总部，培育一批具有国际影响力的大型流通企业。加快中小商贸流通企业转型升级，鼓励传统中小商贸流通企业开展网上销售，发展全渠道线上线下协同联动的电子商务营销模式。促进商贸流通企业创新创业，鼓励实体零售企业运用大数据、互联网、物联网、区块链等技术，整合网络技术服务商和电子商务服务商等资源，优化交易流程、支付方式和配送模式。加快发展种业流通业，依托自贸区建设，进一步畅通资金流、信息流、货物流，探索中非种业合作新模式，打造种业进出口集散中心，推动"种业出海"。

（四）发展商务新业态

积极发展知识产权服务业，积极引进培育商标专利申请代理、知识产权评估、知识产权质押融资、知识产权质押处置、人才培训等领域的服务机构与企业，推动知识产权服务与互联网的深度融合，积极开展知识产权服务外包，推进技术、人才、创业资本、信息等要素的集聚共享，有效促进创新成果的转化和产业化。加快发展法律咨询业，对接国际商贸、科技、金融等领域对高端法律服务的需求，大力引进高层次法律人才，推广法律服务外包和人工智能技术，加快建立涉外法律服务中心和企业涉外法律联合培训中心，为对外贸易企业提供良好的法律服务保障。加快完善创新创业服务，积极推动创业苗圃、创业孵化器、企业加速器等平台引进，围绕视频直播、游戏动漫、互联网文娱、智慧教育等领域，培育创客空间、创业咖啡等创新创业服务主体，围绕大数据、云计算、区块链、视觉感知、语音识别、数字设计、编导策划等共性技术，建设一批低成本、便利化、全要素、开放式的专业化创新创业服务平台。

三 推动科文融合，提升品牌质量

（一）提升"湖湘文化"品牌价值

依托湖南"智造"的创新驱动战略促进湖南文化品牌群的崛起，助推湖南"智造"从研发、生产、营销、管理全价值链的"绿色"定位，加速品牌战略线、品牌塑造线、品牌传播线、品牌管理线全方位向高端、世界级品牌挺进，建设湖南文化产业的全产业链，彰显湖南"文化品牌大省"美誉，在全国振兴文化产业大格局中形成文化建设的示范性。不断提高湖南文化企业的知名度，推动湖南文化产品和服务赢得更大的市场份额，以特色鲜明的符号形象创造巨大的文化附加值。鼓励文化龙头企业和品牌产品加强上下游合作，将湖南文化品牌蕴含的知名度、美誉度、忠诚度和联想度等各要素转化为独特的品质、创新、责任等"品牌价值 DNA"，形成行业规范，实施模式创新与标准制定，在文化产业领域输出有竞争力的产品和服务，增强产业竞争力，为湖南创意走向全国、迈向世界提供价值"密码"。

（二）加快文化产业领域核心技术的研发

面向"互联网+"时代跨界经济、分享经济、平台经济等发展的需求，以现代科技为支撑，加强颠覆性技术的研发；在数字化、信息化、云计算、大数据、人工智能、量子技术、新材料、新能源等领域，特别是交叉融合方向，加快部署一批具有能够改变文化生产、文化制造、文化科技、文化生态、文化经济的颠覆性技术研究。重点开发量子信息、人工智能、智能制造、微纳电子、智能交互、物联网、虚拟现实、增强现实、认知计算等技术，鼓励和引导行业优势企业自主开展应用基础研究，提高企业原始创新能力，加快突破关键核心技术。

（三）加强以需求为导向的应用研究

推进文化科研领域"放管服"改革，赋予科研人员更大的人财物自主支配权、技术路线决策权，支持自由探索、包容非共识创新。构建协作型供需对接机制。在政府主导下，由政府、企业、高校院所、科技中介、金融机构等共同参与，通过政府购买服务成立第三方服务机构，通过政府或中介机构的线上互联网平台服务端，可实现从资源聚集与加工、技术供需多层次精准对接、技术交易价格评估、技术交易履行服务保障等，以及提供成果转让、技术服务、实验室开放共享等综合信息服务功能，形成三位一体的区域成果转化服务体系。

四 保障知识产权，繁荣文化交易

（一）加快健全知识产权法律体系

整合现有文化科技法律，加强知识产权的地方立法，合理界定侵权行为、侵权责任和赔偿标准。加大知识产权执法力度。建立知识产权法庭，探索知识产权民事、刑事及行政"三审合一"，加大侵权纠纷调处和刑事犯罪案件审判力度，改变传统的"事后救济"模式，提高执法效能。建立健全文化科技领域知识产权风险评估和预警机制，发布国内外知识产权领域的最新动态，指导文化科技企业积极应对知识产权纠纷，有效规避风险。加强知识产权信用监管体系建设，将知识产权侵权案件信息录入公共信用信息系统，并对知识产权侵权案件予以公布，充分发挥社会组织对文化科技产业的监管和宣传作用。

（二）搭建完善知识产权保护平台

进一步拓展知识产权社会服务的类型，建立社会服务信用评价制度，为制造业企业创新构建良好的知识产权服务环境，形成知识产权代理、评估、信息检索、技术产权交易、纠纷等社会中介服务体系。此外，还应在现有的知识产权法律体系下，加强对技术创新和专利的保护，坚决查处和制裁各种侵权行为，及时有效地处理知识产权纠纷，使创新成果得到合理保护，从而激发企业的创新积极性。

（三）大力发展版权产业

加快培育以动漫游戏、网络传媒、文化娱乐、广告设计、文化软件服务、工业品外观设计等为重点的版权产业，推进建立健全信息网络传播权机制，优化版权运用市场机制，着力推进湖南省优秀出版物和原创影视作品输出。利用区块链创建"智能知识产权平台"，开展网络文学、音视频、游戏、动漫、软件等行业侵权盗版治理，为知识产权保护提供强有力支撑。

五 强化要素供给，增强发展动力

（一）加强整合文化人才资源

加强文化人才管理服务机制，建立文化人才数据库及动态信息系统。完善文化人才培养引进机制，加快培养一批与湖南省文化发展相衔接的学术型、技能型文化人才，以马栏山视频文创产业园为载体，引进汇聚一批复合型、创新型文化人才。创新文化人才评价激励机制，完善分配激励机制，着力营造支持人才干事创业的良好氛围。健全文化人才流动引导机制，畅通文化人才在国有和民营、事业单位和企业、区域和城乡之间的双向交流渠道。优化文化人才队伍结构，发掘有专业特长的民间艺人、非遗传承人等乡土文化人才和本土民间艺人、文化爱好者、专门研究者和具有一技之长的传统文化人才资源，完善学习培训、待遇保障、志愿服务等政策措施，同时通过外派学习、挂职锻炼等方式培养一批成绩显著、影响广泛的杰出人才，以学术交流、项目合作、技术入股等方式引进一批紧缺急需高层次人才，推动高层次文化人才队伍建设。

（二）加快多层次文化金融产品创新

鼓励湖南省金融机构以开放合作的态度，结合湖南文化创意产业发展的基础特色和现实需求，设计更多更接地气的金融产品，从文化产业全产业链及价值链的角度，做好全方位融资模式创新，细化金融产品的市场定位，向处于不同成长阶段及不同规模的文化企业提供多层次的融资解决方案。除了普通的银行信贷，鼓励向文化企业提供投资基金、保险、上市融资等融资渠道，逐步构建起包括债券融资、银行信贷融资、社会投资、资本市场融资等在内的多层次、多渠道、多元化的金融服务支撑体系。如大力发展专门支持产业创新发展的投资银行、基金管理公司、资产管理公司等，形成金融组织间合理分工和错位竞争，满足与文化产业不同发展阶段及主体相匹配的多层次金融机构体系。通过广泛开展诸如中小企业短期融资券、企业集合债权信托基金和私募债券业务等固定收益类产品创新，不断推进文化产业的高效发展。

（三）用活土地制度

将文化产业用地纳入自贸试验区土地利用总体规划和城乡规划，年度用地计划优先支持文化产业项目。鼓励利用存量建设用地发展文化产业项目，原土地使用单位利用现有工业厂房和仓储用房兴办文化产业，涉及原划拨土地使用权转让或改变用途的，经批准可采取协议出让方式供应。对文化出口基地建设使用国有土地，符合土地利用总体规划和城乡规划的，给予土地供应支持；对只有一个意向用地的，可按照法律法规规定以协议方式供地。对非营利性公共文化设施用地，经自贸试验区管理部门批准，可以划拨方式供地。实施优惠奖励与节约集约用地水平相挂钩政策，建立节约集约用地专项奖励资金，对项目建成达产后节约集约用地成效显著、亩均税收贡献大或安置吸纳就业人数多的文化企业或文化产业基地实施奖励。

六　优化政府职能，完善市场管理

（一）深化领导体制改革

坚持和完善党委统一领导、党政齐抓共管、相关部门分工负责、社会力量积极参与的工作机制，充分发挥自贸试验区党委统筹协调各方、领导基层治理的作用，强化各级党组织管党治党政治责任，加强"两新"党组织建设。把党管宣传、党管意识形态、党管媒体的要求落实到导向管理、资产管理上来，实行意识形态考核全覆盖，从制度层面真正夯实筑牢主流媒体意识形态主阵地工作。加强非公经济组织党建工作，积极引导入驻企业成立党组织，对于单独成立党组织条件尚不成熟的企业，根据楼宇分布、产业布局的情况，探索成立楼宇（楼层）联合党支部、行业党支部等功能型党支部，推动党的组织和党的工作在自贸试验区全覆盖。

（二）加快建设服务型政府

继续推进"放管服"暨"三集中三到位"改革，优化自贸试验区相关产业和市场发展环境。健全强化守信联合激励和失信联合惩戒制度，加快推进社会诚信建设，加强违法惩戒，促进市场良性运行和优胜劣汰。要改善营商环境。进一步优化政务服务，创新服务方式，提高办事效率，完善办事流程，规范审批行为，深入推进审批服务便民化，努力实现让群众办事"只进一扇门""最多跑一次"。不断加强统筹、压实责任，加强配合，形成加快推进"放管服""三集中三到位"改革工作的合力。积极探索，完善机制，加强调度，及时督办，严肃纪律，依规问责，确保改革取得实实在在的成效。深入推进"互联网政务服务",加快政府信息系统互联互通,坚决打通"信息孤岛",增强政府管理和服务的智慧性、便民性、亲民性。激发各类市场主体活力。

(三)加快建立对外文化贸易预警与风险防范机制

进一步建立与完善对外文化出口预警监测分析制度,搭建贸易壁垒动态预警与信息交换平台,健全贸易摩擦协调应对机制,打造畅通的信息渠道,提高企业抗风险能力。做好对外文化贸易风险预警、风险管理指导和咨询服务。运用贸易救济措施,加强重点国别、重点产业预警监测,保障企业权益。充分发挥贸易促进机构、出口信用担保机构、商会的作用,建立信息披露机制,形成政府、中介组织、企业三位一体的贸易摩擦应对机制,促进公平贸易。抓住《区域全面经济伙伴关系协定》签署的机遇,充分用好关税减让、原产地等利好政策,加强各成员国关税减让承诺表的研究,针对各国对湖南省主要出口文化产品商品关税减让情况进行梳理,进一步降低文化产品出口关税成本。

[课题组组长:尹向东,湖南省社会科学院(省政府发展研究中心)产业经济研究所研究员,省政府参事;课题组成员:郑谢彬等]

参考文献

包国强、陈天成、黄诚：《数字文化产业高质量发展的内涵构建与路径选择》，《出版广角》2021 年第 3 期。

范周：《数字经济下的文化创意产业革命》，商务印书馆 2019 年版。

傅立海：《数字技术对文化产业内容生产的挑战及其应对策略》，《湖南大学学报（社会科学版）》2022 年第 36（06）期。

高艺玮、詹绍文：《"双循环"新格局下文化产业数字化高质量发展研究》，《经营与管理》2022 年第 1 期。

韩凯莉、郭刚：《新时代文化产业高质量发展机遇与路径研究》，《柴达木开发研究》2022 年第 3 期。

韩松、王洺硕：《数字经济、研发创新与文化产业高质量发展》，《山东大学学报》2022 年第 3 期。

花建：《新视听技术与文化产业的新业态》，《同济大学学报（社会科学版）》2019 年第 1 期。

嵇睿：《现代文化产业体系高质量发展路径研究》，《文化创新比较研究》2022 年第 6 卷第 15 期。

江小涓：《数字时代的技术与文化》，《中国社会科学》2021 年第 8 期。

解学芳、陈思函：《"5G＋AI"技术群赋能数字文化产业：行业升维与高质量跃迁》，《出版广角》2021 年第 3 期。

解学芳、李琳：《"智能＋"时代现代文化产业体系治理能力建构：基准、框架与图谱》，《社会科学研究》2022 年第 3 期。

金元浦：《全球竞争下 5G 技术与中国文化创意产业的融合新变》，《山东大学学报（哲学社会科学版）》2020 年第 5 期。

李杰：《文化产业高质量发展的应变与求变》，《北京联合大学学报（人文社会科学版)》2021年第19卷第4期。

李锦宏、肖林:《文化产业高质量发展的区际比较与动态演进》,《统计与决策》2022年第38卷第4期。

梁玉洁:《数字时代下文化与科技的融合发展探究》,《文化产业》2021年第27期。

刘举:《文化振兴助力乡村共同富裕的困境与对策》,《浙江科技学院学报》2023年第35(04)期。

刘鹏昊:《文旅产业融合发展举措研究》,《文化学刊》2023年第8期。

孟晓、杨萌萌:《疫情危机下文化产业面临的挑战与发展策略——以青岛市为例》,《山东科技大学学报(社会科学版)》2022年第24卷第6期。

潘爱玲、王雪、刘昕:《新发展格局下中国文化产业高质量发展的战略思路与实现路径》,《山东大学学报(哲学社会科学版)》2022年第6期。

王维、李卫朝:《新时代"以人民为中心"的文化产业发展探析》,《中国社会科学院大学学报》2022年第42(11)期。

魏鹏举:《数字经济与中国文化产业高质量发展的辨析》,《福建论坛(人文社会科学版)》2021年第11期。

《文化部关于推动数字文化产业创新发展的指导意见》,《中华人民共和国国务院公报》2017年第28期。

向勇:《"创意者经济"引领数字文化产业新时代》,《人民论坛》2020年第19期。

向勇:《数字文化产业高质量发展的融合机制:连接、赋能与共生》,《人民论坛·学术前沿》2022年第23期。

谢攀、马纯怡:《文化资本与旅游业高质量发展:中国经验》,《社科纵横》2022年第37卷第2期。

熊文思:《文旅融合推动乡村旅游高质量发展路径探析》,《西部旅游》2022年第5期。

徐菲菲、剌利青、严星雨、韩磊、何云梦:《中国文化产业与旅游产业融合研究述评》,《旅游科学》2023年第37(04)期。

姚昕:《乡村振兴背景下农村文化高质量发展研究》,《农村经济与科技》2022年第33卷第4期。

禹新荣：《推动湖南文化和旅游融合发展走在前列》，《中国文化报》2019年5月6日第3版。

曾贵、徐运保：《供给侧结构性改革视角下湖南文化产业业态转型升级研究》，《湖南财政经济学院学报》2020年第36（03）期。

曾敏灵：《以文化数字化为乡村振兴提供新动能》，《当代县域经济》2023年第9期。

曾咏梅：《湖南省文化产业结构优化研究》，《邵阳学院学报（社会科学版）》2019年第5期。

詹绍文、耿鑫悦：《我国数字文化产业高质量发展路径》，《经济研究导刊》2022年第32期，第36—38页。

张广玲、朱亮亮：《从用户角度谈专业数字内容资源产品建设》，《中国出版》2020年第18期。

张伟、吴晶琦：《数字文化产业新业态及发展趋势》，《深圳大学学报（人文社会科学版）》2022年第39卷第1期。

张鲜艳、王振宇：《科技创新赋能数字文化产业高质量发展路径探析》，《科技风》2022年第11期。

张鲜艳、王振宇：《科技创新赋能数字文化产业高质量发展路径探析》，《科技风》2022年第11期。

赵凤群、张树旗：《数字经济赋能文化产业高质量发展的优化路径》，《产业创新研究》2023年第16期。

赵健：《协同融合视阈下河南省文化产业高质量发展的金融供给研究——2006—2019年基于协调度模型的经验分析》，《中州大学学报》2022年第39（02）期。

郑琼洁、成一贤：《文化产业的数字生态与高质量发展路径》，《南京社会科学》2022年第1期。

郑夏萱：《我国文化产业的国际化发展及其经营管理研究》，《齐齐哈尔大学学报（哲学社会科学版）》2023年第8期。

周松峰：《区域文化产业融入新发展格局的现实价值与途径》，《上海市经济管理干部学院学报》2021年第19卷第6期。

左惠：《文化产业数字化发展趋势论析》，《南开学报（哲学社会科学版）》2020年第6期。